プロが本音で語る

最新 医学部面接

〜変化する推薦・一般入試の新常識〜

山口じろう・原田広幸 共著

プロローグ

　私は、自身が大学に合格した1991年から予備校講師を経験し、そのまま大手進学塾に就職、講師と進路指導の二役を続けてきました。途中、アメリカ留学で指導を離れましたが、25年の長きにわたり、受験生の合否の現場に立ち会って参りました。

　私から言うまでもないことですが、医学部受験はとても「熱い」です。受験生・保護者、指導者の両方に、どうしても合格したい（させたい）という熱意があって、目標を達成したときの喜びは、何ものにも代えがたいくらい大きなものです。試験の難易度の高さも加わって、文字通りの熱戦が繰り広げられています。

　一方、大学受験そのものは全体的に易化しているとも言われます。教育社会学者の舞田敏彦さんによると、1990年における大学不合格者（浪人生）は約39.5万人で不合格率は44.5％でしたが、2015年には、大学不合格者は約4.4万人しかおらず、不合格率は6.7％にまで下がりました。まさに「大学全入時代」です。それから5年以上経った現在は、さらに易化しているはずです。

　ところが、医学部受験は、2010年前後からブームが加速し、難度は下がる気配を見せていません。2008年、順天堂大学医学部で、学納金の大幅値下げ実施されたのが、一つのきっかけとなりました。2008年に放送が始まった『コード・ブルー　ドクターヘリ緊急救命』など医療ドラマの人気も相まって、完全にブームに火がついたのです。

　2011年の東日本大震災、2019年末に始まったコロナウイルス感染症の世界的蔓延（パンデミック）を経て、多くの人が厳しい医療の現場を目にしてもなお、医療・医学を目指す若者はむしろ増えているようです。

　医学部受験の世界には、私立医大・医学部だけでも、毎年約10万人の受験生がおり、たった3629人ほど(2020年私立医大・医学部の入学定員総数)の指定席を争っています。私立医大・医学部全体の志願倍率は27.6倍です。

　大学入試センターが行う「大学入学共通テスト」(旧・センター試験)の志願者数が約50万人であることを考えると、10万人という数字はまさに異常なまでの人気と言えるでしょう。

　さて、医学部受験ブームが起こったころ、フリーの講師となっていた私は、医学部専門予備校にも足を運ぶようになっていました。そこで、地方から出て来て、都内で医学

部を目指し浪人する人たちにたくさん出会いました。この熱い思いを持った生徒たちを教える喜びを経験して以来、私は医学部を中心とした、いわゆる医系大学の進路指導に携わってきました。

　そのような中で、原田広幸先生と出会いました。原田先生は、20代・30代などの再受験生や文系出身者を対象にした医学部予備校を運営し、その多くを医学部に合格させるという（当時はまだ当たり前にあった女子差別、年齢差別の中での）難行を成し遂げてこられた先生でした。

　この本は、そんな私と原田先生による、両者の共通した経験をもとにした「医学部受験戦略」の書です。

　医学部受験は、難易度が高止まりし、制度もますます複雑化しています。医学部で最終合格を勝ち取るには、学科試験で優秀な成績を収めるだけでは足りません。学科で合格点を取った上で、さらに「2次試験」（面接試験・小論文試験）で、ボーダーライン上に並ぶライバルに大きな差をつけなければ医大生にはなれないのです。

　本書では、激変する「2次試験」で、圧倒的な差をつけて合格を勝ち取ることができるための具体的な戦略と情報を惜しみなく開示しています。合格した生徒のエピソードも散りばめつつ、面接試験で、どのように受験生のエモーショナルな要素を表現すべきかを詳細に提示しました。2

次試験のうち通常の「面接試験」対策のほか、差別是正を意図した新しい面接「MMI」（マルチプル・ミニ・インタビュー）にも言及します。また、近年急増中の新しいタイプの推薦入試についても書いてあります。

　この本の前半は、山口が担当し、現在の医学部入試でおさえるべき最新の傾向をまとめてあります。玉石混交の情報が氾濫する現代にあって、真実の情報と、時代の大きな流れをつかんでいただくことができるはずです。（＊注）

　後半は原田広幸先生が担当しています。長年の進路指導・小論文面接指導の経験を元に、受験生の面接での受け答えが、どうして独りよがりの意見に思われてしまうか、「自分の思い」を医学部へどのように伝えたら効果的か、など適切にアドバイスしています。なお、原田先生は、現在の所属校では、「メディカル小論文講座」や「志望理由書執筆指導」を継続され、数多くの２次試験合格者、および推薦入試合格者を輩出されています。

――――――――――――――――――――――――――――
　＊注：本書にある情報は執筆当時のものです。入試の条件等
　　　　は随時変更されていますので、必ず最新の大学の入試
　　　　要項等で確認するようお願いいたします。

医学部受験の志望理由書の完成には最低３カ月が必要

　私は、毎年、医学部の受験を終えたばかりの生徒一人ひ
とりに対し、２時間〜３時間の聞き取り調査を行っていま
す。合格した受験生は、指導の最初のころと比べて、面接
での受け答え、学ぶ姿勢や社会性、発言の内容など、精神
的に格段に成長していることが少なくありません。その成
長の根拠には、「志望理由書の作成」があると考えています。
志望理由書の作成を通じて、生徒は自己分析を行い、過去
の自分と今の自分が洗いざらい表面化します。そして、ど
んな角度からの質問に対してもしっかりと答えられる鉄壁
の志望理由を、早い段階で完成させ、その内容を内面化す
るのです。

　初めて作成した志望理由には、ほぼ「志望のきっかけ」
しか書けません。しかし、幼少期からの出来事、小学校・
中学校での生活の中での体験の中に、医学部受験を決断し
たポイントが複数存在するものです。そこを深堀りするこ
とで、生徒自身も気づかなかった自分だけの志望理由を見
つけることが可能となります。

　面接試験で受験生に投げかけられる質問は、究極的には
ただ一つしかないと言えます。それは「きみは、なぜ医師

を目指すのですか？」です。このような大きな問いに対して、思ったように言葉が出ず、多くの受験生は怯んでしまうかもしれません。

　しかし、この本を手に取ってくれた受験生は安心してください。本書を通じて、この問いに対する答えをともに考えて参りましょう！

　　　　　　医学部受験コンサルティング・英語講師　山口じろう

目　次

第３章　面接トレーニング：振る舞い方と話し方

第1部　医学部受験の新常識

（山口）

1. 国公立・私立の医学部で推薦入試が増えているのは本当ですか？

　はい。推薦入試の定員は毎年増加しています。

　2021年、国公立大学医学部の入学総定員は5461名、そのうち推薦入試での入学定員は1456名(前年比＋31名)で、総定員のうち推薦の占める割合は26.7%です。

　私立医学部の総定員は3510名、そのうち推薦の定員は646名（前年比＋103名）でした。総定員のうち推薦の占める割合は18.4%です(3年で約8%増加)。

　特に、最近の私大医学部の推薦定員増は著しく、**2020年〜2021年で103名も増加したというのは、新しく医学部がもう一つ誕生するくらいのインパクトのある数字です**。

　また、2021年には、面接試験の新しい形式であるMMIが急増しました。MMIは一般入試だけでなく、推薦入試でも多く取り入れられました。推薦入試は、医学部の「2次試験の要素を大きく拡大した試験」であるとも言えます。今後の入試では、推薦の定員がさらに増えていくはずです。また、同様に一般入試でも、2次試験の対策とその重要性がますます高まっていくと思われます。

2. 医学部受験の一般入試では、志望理由は必要ですか？

　必要です。医学部受験≒就職試験と考えてください。入学した大学の卒業生の多くは、大学附属病院や提携病院で働く医師となるわけですから、大学側が志望理由を重視するのは当然ですね。

　私立医大・医学部では、ほとんどの大学で願書を出す際に、本学志望理由や医師志望理由を書かなければなりません。これは、２次試験に進んだときに、これをもとに面接が行われるためです。提出した願書・志望理由書に何を書いたかを忘れないよう、きちんとコピーをとり、記録しておく必要があります。

　あえて突っ込まれやすいような、あるいは、面接官の興味を引くような書き方をしておいて、聞かれたら話せる準備をしておくのも戦略の一つです。

　国公立大の一般入試においても、願書作成の段階で志望理由の提出を求められる大学があります。**志望理由は、今や、医学部志望者が避けては通れない一つの重要な選抜資料になっています。さらに、良い志望理由を書くためには**

下調べも含めると何度か書き直して約３カ月はかかるもの
と思っていた方が無難です。特に学科の勉強に追い立てら
れる傾向の強い医学部受験生ほど、早めの準備が必要にな
ります。

【国公立大で志望理由書の提出が必要な大学】

弘前大、筑波大、群馬大、東京大、横浜市立大、信州大、
名古屋大、京都大、和歌山県立医科大、鳥取大、香川大、
九州大、佐賀大、長崎大、熊本大、宮崎大、琉球大など

【私立大学ではすべての大学で志望理由の記入が必要】
北里大学 医学部の例

2021年度　医学部入学志願者面接票

※印欄は大学が記入します

フリガナ	※受験番号
氏名	

本学志望の動機

自分が誇れること（学業以外のクラブ活動や生徒会活動、地域活動、趣味や特技など）
特筆すべき成果・活躍がある場合は、具体的に記入してください。

（記入上の注意）
* 黒インク（消せるペン以外のボールペン可）を使用し、志願者本人が記載してください。
* A4サイズ片面で作成してください。
* 訂正する場合は、訂正箇所に二重線を引き、訂正印を押印してください。

北　里　大　学

3. コロナ後の面接試験で気をつけることはありますか？

　コロナ・パンデミックにより、面接試験の方法は大きく変わりました。

　どの医大・医学部も、苦労・工夫しながら面接試験を実施しています。オンライン面接に切り替えたり、集団面接を個人面接に切り替えたりする大学もありました。

　マスク着用の義務化はもちろん、間仕切り用の透明シートなどが各大学の面接会場で設置されました。これにより面接官も受験生も相手の表情を読み取りにくくなりました。ただでさえ緊張する面接試験ですが、これまで以上によりはっきり、大きな声を出せるように練習しておく必要があります。

　特に、声の小さな受験生は、発声練習や腹式呼吸の訓練をする必要があります。

　また、相手に理解してもらうためには、身振りや手振りを交えて伝えることも大事です。メラビアンの法則によると話し手が聞き手に与える情報は、目からは55％、耳からは38％、言語からは7％だったという実験結果があります。受験勉強で、見た目をあまり気にしてこなかった受験生は要注意です。自分の姿が客観的に見てどう見える

か？　についてはできればご家族以外の第３者に見ても
らった方が良いでしょう。

　意外に重要なのが、**願書に貼る「写真」です。実際の面
談で顔の表情が見えにくい分、面接官は貼付された証明写
真を見て表情を想像します。**医師になる人は自分をある程
度「演出」する努力も、信頼を得るためには必要だと言う
ことを覚えておきましょう。

4. 医学部入試において面接試験は合否にはあまり影響しない、と聞きましたが、本当ですか？

医学部では、一般入試でも、ほとんどの大学で「面接」と「小論文」、「適性試験」などが課されています。

医学部の面接試験については、2018年に話題となった年齢差別・女子差別の問題を取り上げる必要があります。女子差別・年齢差別の報道後、予想に反して、各医大・医学部は、以前よりも面接試験の比重を上げてきているのです。

2次試験（学科を除く）に高い点数を配している大学では、**筑波大：500点（うち面接だけで200点）、聖マリアンナ医科大：200点（うち面接だけで150点）、東京慈恵会医科大：80点（うち面接だけで25点）**などがあります。

なお、現時点（2021年）で、医学部の一般入試において**面接が実施されていない大学は一つもありません。**かつて、問題となった医学部の不正入試問題では、2次試験（面接試験や小論文試験）での得点操作の実態が明らかになり、不正の温床とも糾弾された面接試験ですが、実施する大学が少なくなるどころか増えているのが現状なのです。

　一方、面接試験や小論文試験の内容は多様化が進み、さまざまな観点から受験生を見ようという取り組みが見られます。

5. MMI という面接試験は何ですか？

　面接試験の形式としては、従来、受験生一人に対して数名で質問形式のインタビューを行う**「個人面接」**と、複数の受験生を同じ部屋に集めて、質問形式のインタビューを行う**「集団面接」**、それから、受験生にグループでのディスカッションを行わせて、そこでの発言や聞く態度を評価する**「集団討論」**の３つの試験形式がありました。

　医学部では、この３つの形式のうちのいずれか、もしくは複数の形式を組み合わせて、面接試験が行われています。

　しかし、評価の仕方があいまいであることや、合格者の面接試験の結果が、医学部での成績にまったくリンクしていないなどの批判を受け、近年、あらたに**MMI（Multiple Mini Interview）という面接形式**が採用されるようになってきたのです。MMI と略されるこの面接試験の方法は、**カナダの医学部で初めて採用され、北米を中心に広がった新しい面接の形式**です。現在は、多くの医療系大学・大院学の入試や医療職の採用試験に取り入れられており、日本の医学部入試では、**東邦大**や**藤田医科大**が他大に先駆けて採用し、その後、**東京慈恵会医科大**でも導入されました。

　MMI は、5 分程度の短いインタビューを数回（2 回
〜5 回ほど）サーキット方式 (あらかじめ決められたメ
ニューを休憩なしで行う) で繰り返し、受験生のコミュニ
ケーション・スキル等を客観的に判定する仕組みです。医
学部生としての向き不向きだけでなく、**職業意識、倫理的
判断力**といった、一歩踏み込んだ内面的な、**エモーショナ
ル**な能力も評価しようという試みです。

6. MMI での大事なポイントを教えてください。また実際にはどんなことを聞かれますか？

MMI では、心理学でいう「ハロー効果」（最初の印象が後の判断に影響を及ぼしてしまう効果）を避けるため、個人を特定する情報をなるべく遮断し、各々のミニ・インタビューは別々の試験官が担当します。エリート進学校出身であることなどがわからないように、**所属・出身を述べること、制服を着てくることなどは通常は禁止されています。**MMI で実際に出題されたテーマは、実に多様なものです。具体的場面を設定し、その状況での行動をシミュレーションさせるようなものも多くあります。

2021 年入試では、以下のような内容のテーマが出題されました。（※以下は、受験生のインタビューをもとに復元したものです。）

◆高齢者がバス乗り場で順番を無視して自分の前に並んでしまった。自分と自分の前、自分と自分の後ろには空間があった。さらに自分の後ろには 20 人程度の人が並んでいる。あなたらどうしますか？

（藤田医科大医学部 2021 年：制限時間 5 分× 2 回の 2 回目の出題。少し大きめの部屋に 6 つのテーブルがあり、同時進行する）

◆ある野球部員が、レポートの提出の際、他人のものを写した不正疑惑が発生しました。あなたは、その不正について承知しており、そのことを先生から質問されます。この件でこの野球部は公式大会出場が危ぶまれています。あなたならどのように先生に答えますか？

（東邦大医学部 2021 年：受験生に与えられた 4 枚の質問用紙 [制限時間 3 分× 4 枚] のうちの一つ）

◆大学の実習で子供だけを預かっている施設に行き、あなたはある子供の体に虐待の痕を見つけます。この事実をあなたは『絶対に外部に漏らしてはいけない』と言われています。その際、あなたが取るべき適切な行動は何かを考えながら次の 6 つの行動について順番をつけて説明しなさい。（ 1 つは不明）・大学へ報告する、・施設の責任者へ相談する、・レポートでこのことについて報告する、・写真を撮り記録しておく、何もしないで黙っておく……。

（東京慈恵会医科大医学部 2021 年：制限時間 7 分× 6 部屋のうち 1 部屋の出題内容）

これらは、どれも具体的でリアルな問題設定ですが、客観的な（唯一の）正解はありません。これは医療現場でも同じだと言えます。こういった予測できない事態にどう対処するかで、その人のヒューマン・スキルが見えてくるということなのでしょう。

　実際に、２次面接対策を受けて、合格した受験生にインタビューをしたところ、「東京慈恵会医科大の問題では、６つの質問のうち、どれも微妙で判定しづらかったので、２つずつ３つのグループへ分類して説明しました」、との回答を得ました。また、「７分という短い設定もあり、見られている緊張感の中、この問い（前述）が最も難しくとてもあせりましたが、自分にできる限りのことを考えて答えました。」とコメントしてくれました。

　こういった問題には、普段から、医療現場を想定したシミュレーションを行ったり、十分な思考訓練を行ったりして対人スキルを磨いていないと、現場で慌ててしまい、何も言えないまま、時間が過ぎてしまう可能性も多いにあるでしょう。１部屋（１会場）で７分しかなく（東邦は１つの問いに対して３分）、そこに文章を読んで考える時間も含まれているのだから、なおさらです。

7. なぜMMIは増えてきているのですか？

　こういった新しい面接手法の導入の背景には、なにがあるのでしょうか。もちろん、タテマエ上は、**「学力だけでは測れない医師としての資質をみる」**という理屈があるのは大前提です。実際、過剰な医学部人気のために、高校時代の成績上位の証しや高学歴というステータスを得るためだけに、医学部を目指す受験生も存在しています。

　こういった、いわば「志の低い」受験生は、往々にして、患者やほかの医療従事者やコ・ワーカーとうまくコミュニケーションが取れず、困った医師になりがちだと言う人もいます。

　しかし、実際には、従来型の面接試験では、入学後の成績の良い学生の予測ができず、また、良い医師になる条件である対人能力の選別もできていなかったという、**医学部側のシリアスな問題認識**があるのも確かです。こちらのほうが、よりホンネの理由に近いでしょう。最近では、大学入試の全体の趨勢そのものが、「多面的評価」を重視するようになってきています。いずれにせよ、医師になるには、**純粋な学力（学校偏差値的学力）だけでは、ダメだ**、ということでもあります。

8. 学科試験がどんなに良くても面接試験や小論文が悪いだけで落とされることはありますか？

はい。医学部受験≒就職試験と言いました。定員100名程度の医学部では、6年間ともに学業に励み、ともに医師国家試験に向けて勉強する同士を選ぶ試験です。コミュニケーション能力が欠如していて、場の空気をよめない人、いわゆるトラブルメーカーを入れてしまうと、あとで取り返しのつかない事態にも発展しかねません。**どんなに成績が良くても、極端な考え方をしていたりする人は、人材確保の責任を担う人なら避けたいと思うものです。**面接試験には精神科の医師を同席させる医学部もあるくらいです。

次のページに、入試要項であらかじめ、このことを明示している医大を紹介しておきます。

【面接試験（などの特定の試験）の評価が著しく低い場合、学科試験（総合点）に関係なく不合格にする場合がある大学】

◇国公立大

　旭川医科大、弘前大、秋田大、山形大、福島県立医科大、群馬大、千葉大、横浜市立大、新潟大、富山大、福井大、山梨大、信州大、岐阜大、浜松医科大、三重大、滋賀医科大、京都大、京都府立大、大阪大、大阪市立大、神戸大、奈良県立医科大、鳥取大、島根大、広島大、徳島大、香川大、高知大、九州大、佐賀大、長崎大、大分大、宮崎大、鹿児島大、琉球大

◇私立大

　岩手医科大、東京医科大、東京慈恵会医科大、日本大、聖マリアンナ医科大、金沢医科大、藤田医科大、兵庫医科大

【合計点または学科試験が同点の場合、面接で合否を決定する大学】

東北大、金沢大

※各大学によってニュアンスは異なります。必ず募集要項にて確認すること。よくある説明は「面接において医学科のアドミッション・ポリシーに適合しないと判定した場合は学科試験に関わらず不合格となる」や「医師としての適性に欠くと判断された場合は点数に関わらず不合格とする」です。

9. 国公立大の学費（学納金）はいくらですか？

　医学部を目指すときに立ちはだかるのは学費の問題です。2020年、国立大の入学金は28万2000円、また授業料は53万5800円（千葉大と東京医科歯科大の授業料は64万2960円）で**初年度合計81万7800円、6年間では、349万6800円です**。公立大は居住地によって入学金などに差が生じるため個々に調べる必要がありますが、国立大と大きくは変わりません。

10. 私立大の学費（学納金）はいくらですか？

　私大医学部の学費は、最も安い国際医療福祉大の医学部
医学科で6年間1850万円、最も高い川崎医科大の医学
部医学科で6年間4550万円であり、**私大医学部の平均
は約3500万円程度**です。国公立大とは約10倍の開きが
あります。

11. 医学部の受験費用は合計でいくらかかりますか？

　通常、私大の医学部入試は、共通テスト（旧センター試験）の2日後から始まっておよそ3週間の間に凝縮したスケジュールの中で行われます。後半は、2/8の日大医学部、少し飛んで2/11ごろの東京慈恵会医科大、大阪医科大の入試までで約3週間、30校の私大医学部がほぼ毎日入試を実施します。慶應大医学部だけが2/19ごろで、国公立の合否結果を待って入学するかどうかを決められる唯一の大学です。

　受験校数は、私大専願の受験生で平均7〜8校、多い人では20校ほど受験します。**現在では1校受験すると6万円かかりますので、受験料だけで50万〜100万円くらいはかかる計算になります。**

12. 私大医学部に合格した場合、合格確保に必要な納入金を教えてください。

　通常医学部の２次試験に受かると、早々と学費の支払いの期日がやってきます。多い人では私大医学部３校程度に支払いの必要が出てしまいます。概ね、私大医学部では後半に偏差値の高い私立が控えています。

　偏差値の高い私大医学部に合格するのは、前半の偏差値の比較的低い（とはいえ最低でも60以上はある）私大医学部に合格するよりも当然難しいので、先に合格した私大医学部に学費を納入して合格を確保したいという気持ちになります。このため早めに合格を勝ち取った受験生は、より良い医大に進みたければ、次々と学費を納めなければならなくなる可能性があるのです。

　初回納入学費は、入学金のみ払う場合もありますが、中には初年度の学費を一括納入するよう求められることもあります（２分割が可能な大学もある）。

　初年度の学費は安いところで順天堂医学部の290万円、高いところで900万円超えの岩手医科、北里、久留米、帝京など、1000万円超えの杏林、川崎医科、金沢医科、東京女子医科などがあります。めでたく連続して合格して、学費を納めようとすると、３校で3000万円近くの現金が

必要になってしまうかもしれません。このため、最初のころに受ける私大医学部にもし合格したら、そこに学費を支払い入学を決めてしまう方も出てきます。

　たいていの場合、3月31日までに辞退を申し出ると、**入学金を除く学費が返還されますが、そのお金が実際に戻ってくる日は、5月以降**という大学も多く、受験前後にも多額の現金資金が必要となります。このあたりもしっかりと頭に入れておくこと、あるいは受験校選定の段階で計算に入れておくことが必要になるのです。

13. 医学部、繰上げ合格について事例を挙げて教えてください。

　医学部合格者のうち結構な割合を占めるのが、補欠繰上げ合格です。**正規合格できる受験生はおおよそ定員の2倍〜3倍、残りは補欠合格に回されます**（正規合格以外はいったん全員を不合格とする医大もある）。

　私大で最も学費の安い国際医療福祉大の場合、定員（一般105名）の約6倍にあたる600名（2021年は640名）の受験生が1次試験を通過して2次試験に臨みます。2次試験は大学が指定する6日間のうちのいずれか1日に行われ、毎日約100人ずつに対して、1人30分の面接が2回実施されます。そのうちおよそ280人が正規合格、約300人が補欠合格に回ります。

　この補欠合格の順位はとても重要です。この順位は面接試験の出来・不出来によってかなり入れ替わります。面接や小論文の対策を疎かにする人はこの最終段階で残念ながら落ちてしまいます。

実際の受験例①

R.T さん（逗子開成高校卒）
■岩手医科大・医学部医学科へ進学

　医学部入試では、補欠合格となっても合格が回って
くるケースが多くあります。現役時は１次試験突破が
叶わなかったR.T さんですが、１年浪人して、８つの
私大医学部の１次試験に合格しました。

　実際にかなりの大学で補欠合格となりました。補欠
の繰上げは３月末に集中します。その結果、学納金の
支払いは１回ですみました。

3/22　繰上げ合格・岩手医大（学納金：６年間3400万円）

3/30　繰上げ合格・杏林大（学納金：６年間3759万円）

3/31　繰上げ合格・帝京大（学納金：６年間3972万円）

3/31　繰上げ合格・北里大（学納金：６年間3890万円）

　R.T さんは、あとから合格した首都圏の医大は選ばず
に、岩手医科大を選びました。２次試験の印象がとて
も良かったことと、学費が他の３つの私大よりも割安
だったことが理由でした。

実際の受験例②

岡野航大さん（攻玉社高校卒）
■横浜市立大・医学部医学科へ進学

　国公立の発表後に私大の合格が集中して、余分な学費を納めなくても済んだケース。国立大学合格確定までは、私立の合格が出ていなかったため、日本医科大の後期試験を追加受験しています。

3/2　繰上げ合格・日本医科前期

3/10　合格発表・横浜市立大 (学納金：6 年間で 392
　　　万円＊)

＊横浜市民はさらに減額されます。

3/11　2 次辞退・日本医科後期（学納金：6 年間 2200
　　　万円)

4/4　繰上げ合格・防衛医科大（学納金：無料＊＊）

＊＊毎月 117,000 円と年 2 回の手当も支給されます。

※岡野さんは、横浜市立大の学校推薦型選抜を年内に受験されており、最終選考（年内試験を通過し、年明けの共通テスト結果で最終合否が決まる）まで残りました。結果は不合格でしたが、す

ぐに一般前期を受験しました。国公立は、受験機会が少ないです
が、このように推薦入試を利用すれば、推薦＋一般入試と２回も
挑戦することができます。しかも、岡野さんの場合は、すでに推
薦入試で年内試験（書類、面接、小論文など）では合格を得てい
たため、一般入試の２次試験は免除され、合格することができま
した。

14. 1次納入金をなるべく払いたくないのですが、良い方法はありますか？

　私大の一般入試では、自分が正規合格か、補欠合格になるかを操作することは不可能ですし、それは運によるところも大きいです。

　しかし、**推薦合格については、医学部の場合、そのほとんどが専願ですので、年内の推薦入試で合格することができれば納入金の支払いは1校で済むということになります。**このように、資金的に考えると推薦入試はとても魅力的です。条件があるので出願できる人が限られ、倍率も低くおススメです。ただし、地域枠など卒業後の進路に制約がある場合も多いので、よく調べてから受験しましょう。

15. 医学部における推薦入試はズバリ狙い目でしょうか？

　医学部の推薦入試は、実施しない医大もあり、歯・薬・看護学部などと比べると、総定員に占める推薦の定員割合は少なめです。そのため、かつては推薦入試を検討する人はそれほど多くはありませんでした。

　しかし、近年、推薦入試定員も大きく増えており、倍率も**一般入試と比べかなり低い（平均3〜5倍）**ことから、**狙わない手はありません。**

　特に最近では、国公立大の後期の定員が縮小、または廃止され、その枠が推薦入試に振り分けられつつあります。また、**推薦というと現役生のみの印象が強いですが、1浪までなら出せる国公私立医学部は結構な割合で存在しています。**何よりの利点は、他大への学納金や一般入試の受験料を払わずに済むことです。経済的なメリットは計り知れません。

　次のページからの図をご参照ください。

図1：2021年国公立大医学部募集定員（定員合計：5461人）
（　　）は前年比の増減

試験区分		2021年度（人）
一般	前期日程	3,597（＋16）
	後期日程	408（－6）
学校推薦型選抜		1,228（＋16）
総合型選抜		228（＋15）

　図1にありますように、現在では、後期試験の定員数は減少傾向にあり、その代わりに学校推薦型選抜（旧：指定校推薦、一般公募制推薦）と総合型選抜（旧：AO入試）が増加傾向にあります。また図2に示すように、国公立大医学部の志願者数は、2012年をピークに下がり続けています。

図２：国公立大・医学部の志願者数（人）

	2016年度	2017年度	2018年度	2019年度	2020年度	2021年度
前期	20,483	18,093	17,064	16,390	14,734	14,152
後期	14,103	9,927	8,969	9,081	7,404	6,787

　受験者は2012年をピークに下がり続けており、2021年の前期日程の平均倍率は4.0倍、後期日程の平均倍率は14.0倍です。

　また、図３に示すように私大医学部入試においても、共通テスト（旧センター試験）利用方式が減少しています。一方で、学校推薦型選抜と総合型選抜の入試が増えています。

図３：2021 年私立大医学部募集定員　（定員合計：3510 人）

（　　）は前年比の増減

試験区分		2021 年度（人）
一般	一般	2,559（－ 14）
	共通テスト利用	305（－ 48）
学校推薦型選抜		565（＋ 73）
総合型選抜		81（＋ 30）

　私大医学部の総志願者数は、ここ４年は延べ 10 万人を超える程度で安定しています。これは、１人の受験生が２校～８校くらいの間で出願していることを考えると、実人数は３万人～４万人くらいで推移しているのではないかと考えられます。私大医学部の総定員が 3500 名程度ですので、実質倍率は 10 倍～ 15 倍程度でしょう。そう考えると、志願倍率である 27.6 倍という数字とは違った印象を持てますね。

16. 総合型選抜と学校推薦型選抜では何が違うのですか？

　総合型選抜は、かつては AO 入試と呼ばれていました。学校長の推薦がなくても、一定の条件を満たせば出願できる試験で、評定平均基準を明示しない大学もあります。学校推薦型選抜は、指定校推薦と公募制推薦に分かれます。

　指定校推薦は、学校を代表して受験資格を得る試験です。医学部以外の指定校推薦は、推薦された場合、よほどのことが無い限り合格できますが、**医学部の指定校推薦では、必ず数倍の倍率が存在しています。**

　公募制推薦は、やはり学校からの推薦が必要で、多くの場合は評定も重視されます。

　総合型選抜の方が一般に定員も少なく、試験が特殊で倍率も高くなると考えて良いでしょう。

17. 私大医学部における総合型選抜について教えてください。

　私立医大・医学部で総合型選抜を行っている大学は8校（2021年）です。日本医科大は2022年に総合型選抜の廃止を決めているため、2022年は7校になります。総合型選抜は、学校推薦型選抜に比べると、条件設定が細かく、出願の際の相性が重要になってきます。具体的に定員数とともに見て行きましょう。

　私大医学部で総合型選抜入試を行っている大学は、杏林大（定員1名）、順天堂大（2名）、東海大（5名）、東邦大（10名）、日本医科大（2名：2022年からは廃止され学校推薦型選抜に代わる予定）、金沢医科大（21名）、藤田医科大（15名）、川崎医科大（20名）です。

　東海大を除き、浪人生でも受験できます。1浪までが杏林、東邦、藤田医科です。4浪まで受験可能なのは川崎医科、25歳以下で受験可能なのは金沢医科大です。

　杏林大は、定員が1名で書類通過後、共通テストを経て、さらに面接と小論文試験という厳しい条件ですので、あまりお勧めできません。順天堂は、研究医特別方式で、奨学金を受ける義務があり、英語の資格スコアも必要なため、

条件が厳しくなります。

　川崎医科大学（定員 20 名 4 浪まで受験可）は、中国・四国出身者枠となっています。条件に合う方は限られます。

18. 私大医学部で総合型選抜についてのおススメ大学とその対策について教えてください。

　東海大と杏林大は、共通テストの受験が必要です。**東海大の総合型選抜**は「希望の星育成」という名称で、学力は一般受験生ほどなくとも、**熱意と行動力を評価してくれる入試です**。評定は 3.8 以上、高校の先生などの推薦者 2 名が必要です。1 次試験は、書類審査・小論文・面接で、2 次試験がオブザベーション評価と面談 (朝から夕方までかかります)、3 次試験が共通テストの英数理科 2 科目で 80％取得することが必要です。もう 1 点大事なことがあります。この入試は、医学部には珍しい併願可能な推薦試験なのです。この方式での合格例を次に掲載しておきますので、ご興味のある方は、ご覧ください。

　東邦大学の総合型選抜は、評点 3.8 以上（数理は 4.0 以上）、1 次試験は適性試験（60 分）、基礎学力試験 (60 分)、面接 (15 分程度) です。最新の入試結果では、受験者 92 名 (うち女子 56 名)、合格者 14 名 (うち女子 11 名) です。適性検査 (60 分) は時間が細かく問題ごとに時間が区切られている試験で、IQ を試すような問題を短い時間で次々と判断していくものです。たとえば、M という文字が用

紙一面にたくさん書かれていて、その中に少しだけ N が
あってそれを探し出すといった問題が出されました。基礎
学力試験は国語 (現代文) の記述系の問題です。最初は 4
字 (or2 字) 熟語・カタカナ語 (相互関係は英語でなんてい
う？) など 5 問程度、次に、グラフの読み取り、最後は文
章を読んで 200 字〜 240 字の要約（2020 年は「村八分
について」）を書く問題でした。

　実際に受けた受験生にインタビューしたところ、時間的
に厳しく、どんどん解いていく必要がある、とのことでし
た。

　金沢医科大学の総合型選抜は 25 歳までの出願が可能で
す。ただし条件があり、卒業後に大学や関連病院で 5 年間
勤務する必要があります。 1 次試験は英語と数学ⅠＡ（Ⅱ
Ｂ・Ⅲは不要）、理科も物理基礎、化学基礎、生物基礎か
ら 2 科目ということなので現役生にもメリットがある入試
です。

　藤田医科大学の総合型選抜は、「ふじた未来入試」とい
う名称で、出題科目は、英語、数学（数Ⅲまで）、小論文
です。英語は基礎英文法 4 択問題と整序英作文、それに長
文が 3 題です。長文は 1 題はマーク式で内容は COVID-19
という最新のものでした。残り 2 題は記述式です。

＜推薦入試体験記＞

■東海大【総合型選抜・希望の星育成入試】受験レポート

・1次試験：小論文（60分800字）と面接(25分程度)

　小論文テーマ：医学研究に必要な3つの要素について

　面接：提出資料について（主に海外経験を深堀される）

・2次試験：オブザベーション評価 全体170分

　ⅰ.個人作業(15分)　90秒で発表＆質疑応答

　ⅱ.ディスカッション(60分)　「良医について」

　ⅲ.プレゼンテーション　資料を用い1人ずつ実施

・最終選考

　共通テスト：[英語200点(リーディング・リスニング)、

　数学200点（ⅠA・ⅡB)、理科2科目で200点]

　合計600点満点

※ 2021年度は、募集人員5名に対して49名受験し、1次試験の通過者は30名、2次試験合格者22名、最終合格者は8名で、倍率は6.1倍でした。2022年度入試要項では、1次試験と2次試験を合わせて、1次試験と呼び、最終選考を2次試験と呼んでいます。

・受験生へのインタビュー

「私は、昭和大を第一志望にしていたのですが、昭和の前に合格を1つ持っておいた方が一般入試で安心して力を発揮できるだろうと思い、併願可能な東海大の推薦入試を受験しました。また、東海大の要項から、勉強以外にも焦点を当てて評価してくれる点に惹かれ、課外活動には自信のあった自分にとって、有利に働く受験方法だと思ったことも受験した理由です。

ただ1次通過者は、それぞれ優れたフィールドを持っていて社交的で積極的な方が多い印象でした。したがって、そのこと自体で有利になるわけではないとも思いました。

推薦入試を受けておいて良かった点は上記以外にも、一般入試の願書の書類・志望理由などの執筆において、スラスラとあまり時間をかけずに仕上げていくことができるようになっていた点があげられます。」

桐光学園　2021年卒　臼井萌奈さん

19. 私大医学部の学校推薦型選抜について教えてください。

　ここでは、医学部の学校推薦型選抜のうち、地域枠（居住地の制限のあるもの）と指定校推薦を除いた、いわゆる公募制と言われるものを取り上げます。

　私大医学部で学校型選抜入試を実施している学校は、現時点で 14 校あります。お勧めの点としては、年が明ける前に合否が決まること、そしてほぼ数学Ⅲが出題されないことです。

　推薦入試を経験しておくと、仮に一般入試を受けることになっても、志望理由書の作成がとても楽になるということもメリットです。

　以下、お勧めできる医大・医学部 (定員が 10 名以上) と、私共が独自に調査した試験内容を箇条書きでお伝えします。必要な評定は概ね 4.0 以上で大学名の後ろに記載しました。

(定員数⇒年齢条件⇒試験科目の順で表記しています。)

パターン① 英数＋理科２(3)科目型

★岩手医科大学 (4.0)

15名 / １浪まで / 英数＋理科２科目＋面接 (MMI)

★埼玉医科大 (4.0)

14名 / １浪まで / 英数＋理科２科目＋面接・小論文

★東京医科大 (4.0)

20名以内 / 現役 / **◆基礎学力検査**＋面接 (MMI)・小論文

★兵庫医科大 (4.0)

12名 / 現役 / 英数＋理科２科目＋面接・小論文

パターン② 英数＋理科１科目型

★帝京大 (4.0)

10名 / 現役のみ / 英数＋理科１科目と面接・小論文

★近畿大 (評定条件なし)

25名 /1浪 / 英数・理科１科目と面接・小論文

パターン③ 英数＋理科なし型

★愛知医科大 (3.7)

20 名 /1 浪 / 英数＋面接・小論文

★久留米大 (3.8)

10 名 /1 浪 / 英数＋面接・小論文

★福岡大 (3.7)

30 名 /1 浪まで / 英数 (数Ⅲまで) ＋面接

パターン④ 変則型

★東京女子医科大 (4.1)

23 名 / 1 浪まで / 思考力試験 (文章・データを示して分析) ＋面接・小論文・グループ討論

★聖マリアンナ医科大 (4.0)

10 名 / 現役 / 基礎学力検査 (自然科学総合 200 点、英語 150 点) ＋面接Ⅰ:100 点、面接Ⅱ:100 点、小論文:100 点

★関西医科大 (3.5)

10 名 (一般枠)/1 浪 / 適性能力試験 (英文を含む数理的問題) ＋面接・小論文

〈推薦入試体験記〉

■東京医科大　学校型選抜　受験レポート

①面接：14個のブースに分かれて実施。部屋は狭く、パーティションで区切られている。机上に紙が貼ってある。

②小論文 (110 分) について：2 つ出題。日本語（解答 400 字程度、SNS でのコミュニケーションと対面でのコミュニケーションの違いは何か？）と英文（解答 100 字×2。成人になっても正中動脈を持っている人が増えている）についての要約や意見論述など。

③学科試験＝◆**基礎学力検査** (70 分で 36 題) 大問 1：化学（周期表）、大問 2：物理 ($W=VIt$ の説明)、大問 3：生物 (アマゾンでの CO_2 の量)、大問 4：化学（原子量）、大問 5：物理（水の溶解解熱）、大問 6：生物 (尿の濃縮)、大問 7：数学、大問 8：化学 (フェノールと水の溶解)

※ 2021 年　一般公募枠は 20 名以内で、志願者は 97 名、合格者は 20 名でした。倍率は 4.85 倍でした。

・受験生へのインタビュー

「小論文について……英語はメディカル系の内容だったのでびっくりして、日本語の方から始めました。落ち着いて解けば、それほど難しくはない問題だったと思います。英文の要約や意見の陳述などは、普段からの練習が必要だと思いました。

学科試験（理科）について……私は、物理・化学選択でした。生物は生物基礎だけを固めておけば解ける問題だったと思います。理科３科目が大変というよりは、70分で36題なので時間が足りなくて大変という試験でした。てきぱきと処理する能力が試されていると思います。」

青稜高校　2021年卒　濱口佳蓮さん

埼玉医科大学（医学部医学科）に進学

20. 私大医学部専願者ですが、共通テストは受験するべきですか？

　共通テスト利用方式で私立医学部医学科へ合格できる受験生はたしかに少数派です。また、私大専願者の方が、たとえば、英語のリスニングテストの勉強に時間を取られるのは、マイナスに思うかもしれません。しかし、少しでもチャンスを広げたいと思える受験生は共通テストも受けて損はありません。

　共通テスト利用方式で受験する受験生のなかには、国公立医学部志望者で、国公立医学部に合格すればそちらに進学する人や、私立には進学しない人も数多くいるからです。見かけ上の高い倍率に怯えて受験しないのはもったいないことです。

　以下、共通テストに参加している私立医大の特徴をタイプ別に整理してみましょう。ちなみに、共通テスト利用入試のボーダーラインはどの私大も85％以上になります。また2022年から東北医科薬科大学が共通テスト利用方式をスタートさせます。

【共通テストに参加している私立医大・医学部】

（1）5教科7科目型　※（　）内の数字は定員数

・国際医療福祉大（15）：2次試験に英語あり

・順天堂大（一般独自併用 12 前期 10、後期 5）：一般
　独自併用は1次試験として共通テスト＋英語・理科2
　科目を受ける。
　前期は1次試験として共通テスト＋小論文を受ける。
　後期は1次試験として共通テストのみ

・昭和大（12 地域枠）：2022 年から廃止。

・東京医科大（10 以内）：2次試験に小論文 60 点＋面
　接 40 点。

・関西医科大(共通テスト併用方式 13、共通テスト利
　用前期 12、共通テスト利用後期 5)

（2）私大受験科目型（英語・数学・理科2科目）

・獨協医科大(10)

・杏林大（前期 10、後期 5）：後期は2次試験に英語あり。

・帝京大（10）：2次試験に英語（英語長文）あり。
　※英語必須＋[数学ⅠA、数学ⅡB、国語（古文・漢
　文含む）、理科2科目] のうち2科目（ただし数学2

科目選択は不可)

・東海大 (10)

・関西医科大（後期 5）

・福岡大 (5)

（3）私大受験科目＋国語（現代文のみ）型

・埼玉医科大（10）

・愛知医科大（前期 15、後期 5、地域枠 B 5)

・藤田医科大（前期 10、後期 5）:後期は 2 次試験に「記述式総合問題」あり。

・大阪医科薬科大 (10)

（4）特殊型

・日本医科大 (10)：共通テストは国語（古典含む）のみ＋2 次試験で私大受験科目（4 科目）を課す。

・産業医科大学一般定員枠（80）：1 次試験が共通テストです。

21. 国語が得意なのですが、国語力を生かせる私大医学部受験はありますか？

　３つあります。**１つめは、日本医科大学の後期入試です。**この入試方式では、共通テストで国語（古典を含む）を受験していれば、その得点と３月実施の後期試験で受験する４科目（英数＋理科２科目）と合わせて、合計５科目を１次試験の結果としています。

　２つめは、帝京大学です。帝京大学の入試科目は、英語＋[数学、物理、化学、生物、国語（現代文のみ）]のうちから２科目を選び、合計３科目の合計点で１次合格者が決まります。ちなみに、帝京大学では３日間連続で１次試験を行っていますが、３日とも受けた場合、合計点が一番高かった結果で合否を判定してもらえます。

　３つめは昭和大学です。昭和大学では、英語、数学または国語（現代文のみ）、理科２科目の合計４科目で試験が行われています。**昭和大学の国語試験は 2021 年に初めて行われました。出題内容は４題とも死や医療に関する文章で漢字の書き取りや一部 80 字〜 100 字の記述式問題を含むものでした。**試験時間は英語と国語で合わせて 140 分です。

22. 共通テストの英語「リスニング」が苦手です。どうしたらよいですか？

　私は、英語講師なので、リスニングの勉強法を具体的に説明することも可能ですが、ここでは、共通テストの配点（英語リーディング100点、英語リスニング100点）がそのまま、合格に直結する配点にはならないことをお伝えしたいと思います。多くの大学では、リーディングの配点が高い傾斜配点になっています。

・私大医学部「英語」（リーディング：リスニング）の実際の配点

1：1 (100点:100点)	3：1 (150点:50点)	4：1 (160点：40点)
国際医療福祉、杏林	埼玉医科、東京医科、関西医科	順天堂、帝京、東海、愛知医科、大阪医科薬科、産業医科、福岡

・国公立医学部「英語」（リーディング：リスニング）の
　実際の配点

1：1 (100点:100点)	3：1 (150点:50点)	4：1 (160点：40点)
札幌医科、山形、金沢、山梨、三重、広島、京都府立医科、九州、大分、琉球	東北、東京医科歯科、福井、岐阜、浜松医科、名古屋、京都、大阪、大阪公立、奈良県立医科、和歌山県立医科、佐賀、鹿児島	秋田、筑波、群馬、千葉、横浜市立、新潟、富山、信州、滋賀医科、神戸、鳥取、名古屋市立、島根、岡山、山口、徳島、香川、高知、長崎、熊本、宮崎

※東大は7：3、愛媛9：1、福島県立医科3：2

23. 医学部ではメディカル系の内容の長文が多く出ると聞きました。「コロナ後」の英語入試問題はどう変わりましたか？

　医学部では、英語の入試問題は、時事的な問題が多く出題されます。ひと昔前のような、文学・歴史・哲学といったいわゆる古典的な内容の英文は文科省の方針もあり、一部の大学では影を潜めています。国語の古文や漢文を受験科目から外そうと主張する勢力もあるのも事実です。社会が加速度的な変化を見せる中で、「コロナ以前」の問題は年々出題しにくくなっていくと思われます。

　コロナ以前では、いわゆるグローバル化（globalization）に関する英文や、外国人観光客：インバウンド（inbound 形容詞「入ってくる」）の増加の問題、オリンピックなどによる景気効果などについての英文が相当数出題されました。ところがコロナ・パンデミックが起ってしまった現在、このような内容の英文を出してしまうとどうでしょう。なんて時代錯誤な内容を出題しているんだとなり、信頼を失うことにもなりかねません。

　「コロナ後」の入試問題のポイントはいくつかありますが、本書では、新型コロナウイルス（COVID-19）についての英文を読むのに必要な英単語を整理しておきました。

次の英単語はおさえておくと有利です。

　まず、感染するという英単語は infect（〜を感染させる）です。感染症（infectious disease）や伝染病（epidemic）が、拡大して (spread)、世界的な広がりを見せると、パンデミック（pandemic）と呼ばれます。人々が、接触 (contact) すると飛沫 (droplets) が飛び交い、感染（infection）を引き起こします。感染者（infected person）は、在宅（stay home）を余儀なくされ、場合によってはホテルなどに隔離され（quarantine）ます。人々の生活は、外出（outing）を禁止（prohibit）されたり、テレワーク（telework）や、在宅勤務（work from home）が日常化したりしていきます。

　どうでしょうか。内容的によく知っている状況設定や自分の興味のある内容だとメディカル系の英単語もスイスイと頭に入ってくるのではないでしょうか？　私は、医系の文章だけを取り扱う「メディカル英語」という英語講座を複数の予備校で実践してきました。英語が苦手、もしくは数学や理科の学習に追われている受験生で英語への興味がそんなにない生徒でも、自分が将来学習するはずの内容であれば、積極性が高まって学習効果が上がることを実感しています。

たとえば、最新の過去問からテーマとして興味のある内容の英文だけを読破していくだけでも、大幅に語彙力や英語力がつきます。ぜひ実践してみてください。

24. 医学部では、和文英訳や自由英作文でもメディカル系の内容が出題されますか？

　はい、出題されます。

　例として、2021年に出題された英作文のテーマを見ていきましょう。（1）**慶應義塾大・医学部**で「在宅勤務のメリットとデメリットを100語で書け」という問題が出題されています。

（1）During the COVID-19 pandemic, there has been a trend among those who can do so toward working from home. Write 100 words or so in English on what you consider to be the advantages and disadvantages of this trend.

2021 慶應義塾大学 2/19, 医

　続いて（2）**島根大学医学部（医学科）**の英作文です。
（2）次の日本文の下線部（ⅰ),（ⅱ）を英語に直しなさい。
　（ⅰ）コロナウイルス対策として，感染者の増加とともに，各国には多数の症例が蓄積されている。各国の医師や研究者が，WHOと協力して症例を分析し，有効な治療方針を確立する必要がある。ワクチンや治療薬の開発にも，国際協力が欠かせない。

（ⅱ）<u>医療体制が脆弱な発展途上国での感染拡大も懸念される。特に病院の少ないアフリカでは，被害が深刻化する可能性がある。余裕のある先進国は検査機器を送るなどして，途上国を支える必要もある。</u>

（「［社説］パンデミック　世界が協調し感染拡大抑止を　新型コロナ」『読売新聞 2020 年 3 月 13 日朝刊 3 面』読売新聞社（一部抜粋））

［注］コロナウイルス　coronavirus

2021 島根大学 2/25, 前期

（1）解答例（省略）

（2）解答例

（ⅰ）In order to take measures for coronavirus, many cases have accumulated in each country as the number of patients is increasing. Doctors and researchers in each country, in cooperation with WHO, must analyze these cases and establish an effective policy of treatment.

（ⅱ）There is also concern about the spread of the disease in developing countries where medical systems are weak. Especially in Africa, where there are few hospitals, there is a possibility that the damage will become worse. Developed countries, which can afford to, need to support developing countries by, for example, sending them testing equipment.

（3）奈良県立医科大学 (後期) では「新型コロナが変えた日常生活」について問われました。

Write 70 − 100 words about how your day-to-day life has changed due to the current pandemic (COVID-19).

This task will be graded on both content and the accuracy of the English language used.

25. 医学部の英語長文でコロナがテーマの英文はどの程度出題されていますか？

　医学部では最新の英文が多く出題されます。有名な医学専門誌からの出題もあり、専門用語にはある程度慣れておく必要があります。また、幅広い興味・関心を持って時事的なテーマにも親しんでおくことが重要です。

　現在では、多くの国公立大学が問題と解答例や出題方針などを HP で公開しています。以下の英文は読んでおくことをお勧めします。

（1）2021 自治医科大学 医

　「ソーシャルディスタンスを促すロボット犬について」

（2）2021 秋田大学 医 前期

　「COVID-19 の起源と SUPERSPREADERS（爆発的に感染を広げる人）について」

（3）2021 大阪市立大学 前期

※ 2022 年より大阪府立大と統合し大阪公立大学へ名称変更

　「COVID-19 がアメリカ人の＜握手・ハグ＞などの生活習慣を変えた」

（4）2021 高知大学 医 前期

　「COVID-19 と感染症の歴史」

（5）2021 浜松医科大学 医 前期

　「パンデミックと環境の危機」

（6）2021 三重大学 医 後期

　「COVID-19 が子どもたちに与えた，医学的リスク以外

　の悪影響と将来への悪影響」

（7）2021 琉球大学 医 後期

　「COVID-19 と医師のあるべき姿」

（8）2021 東京医科大学 医

　「新型コロナのマスクが与えた難聴患者への影響」

（9）2021 藤田保健衛生大学（後期）医

　「握手やハグは感染を拡大させる悪しき習慣」

（10）2021 群馬大学 医 前期

　「コロナよりも深刻な海洋汚染」

<中合格体験記 vol. 1>

臼井萌奈さん　2021年合格　桐光学園高校卒
■昭和大医学部へ進学
【その他の合格大学】東海大医学部「希望の星育成」枠

**Q：東海大の推薦は、医学部では珍しい併願可でしたね。
合格を確保しての一般入試へ挑戦する流れだったと思う
のですが、他大の出願書類にも推薦の経験は役立ちまし
たか？**

A：東海大学医学部「希望の星育成」には提出書類がたく
さんありました。だから、それさえ書いてしまえば、医
学部受験後半の一般入試の願書関係は、あまり時間をか
けずに、スラスラと仕上げて行くことができます。

Q：東海大の書類にはどんな体験を書きましたか？

A：**中３の終わりから高１にかけて、海外ボランティアに
３回ほど行った**ので、そのことを書きました。ベトナム
とミャンマーとマレーシアです。ベトナムに行ったとき
は、枯葉剤の影響で結合双生児として生まれた「ドクちゃ

ん」とお話させていただく機会を得ました。枯葉剤の影響を受けた児童の治療を行ったツーズー病院を見学させてもらったり、児童養護施設を回ったりさせてもらいました。そこでの経験が、医学部に興味を持ったきっかけでもありました。

Q：東海大の2次合格を決めたあと、一般入試までの経過はいかがですか？

A：東海大「希望の星育成」入試は、2次合格のあと共通テストで8取れば合格でした。共通テストでの8割は、何度か練習した上で、ほぼ確実に取れるだろうと計算していました。そこで一般入試は、英語の評価の高い順天堂大と国際医療福祉大に出願、そして本命の昭和大と3校に絞り込みをかけて対策をしていました。国際医療福祉大には、地理的に受かっても行けないだろうと思っていましたし、順天堂はなんと言っても偏差値が高かったので、自分的には昭和大に照準を定め、重点的に過去問を解いていきました。

本音で語る「医学部面接」の極意

（原田）

第1章　志望理由書の書き方

　大学入学試験の出願手続きは、まず受験料を支払い、支払証明書とともに入学願書を提出して完了となる場合が一般的です。しかし、医学部においては、多くの場合、入学願書に「志望理由」を書かなければなりません。毎年、締め切りの直前に願書を取り寄せて、あせっている受験生が実に多いので、こういう事態に陥ることがないように、早めに準備を始めてください。

1．志望理由書がなぜ大切か

　志望理由書（入学願書）は、面接試験の前提になる資料です。つまり、大学の試験官は、あらかじめ志望理由書を見て、あるいは志望理由書を見ながら、質問をしてきます。

　ですから、志望理由書は、面接試験に臨むにあたっての「戦略的なメッセージ」なのです。もちろん、面接試験で聞かれることは、他にもたくさんありますが、「志望理由書に書かれてあることは聞かれる」ということを逆手に取って、「ぜひ質問してほしいこと」を、あらかじめ願書に書き込んでおくようにしてください。

　実際の面接試験では、事前に提出した志望理由書に沿って質問がなされるので、後悔しないように、しっかりと準備して書くことが重要です。当然ですが、願書に書いたことと、実際に面接で話すことに矛盾がないように、提出前にきちんとコピーを取り、記録／記憶しておくことも重要です。

　なお、面接官の立場から見て、何も質問する気にならないような没個性の志望理由書は良くありません。**没個性と**

は、経歴やアピールポイントが平凡だということではなく、他の人と入れ替え可能なタテマエ論しか書いていないという意味です。

　大学のパンフレットやホームページに書いてある「建学の精神」「アドミッション・ポリシー」などを、そのまま「志望理由」にしていませんか。こういった理想論だけを志望理由にすることを「没個性」というのです。あなたの名前の欄を、ほかの誰かの名前に変えても通用するような志望理由書を見ると、面接官は、「ああ、またこれか……」とうんざりとしてしまいます。

　こんなことにならないよう、以下、志望理由書で聞かれることの多い項目について、順を追ってポイントを説明していきます。そのポイントを踏まえて、自分自身の志望理由書の元になる材料をまとめてみてください。なお、「志望動機」と「志望理由」は、通常同じ意味です。

2．医師の志望理由

　入学願書の中で、もっとも気を使って書く必要のある項目は、「志望理由」です。面接試験は、志願者であるあなたが、どれくらい職業にふさわしい資質を持っているのか（能力・才能・性格、等々）を試すものですから、**「志望理由」は、それらの資質を直接的に問う最重要の質問項目**です。

　もちろん、医師としての資質は、学科試験と2次試験（面接・小論文試験）等のすべての試験の結果を見て、総合的に評価・審査されるものです。しかし、まともな「志望理由」がなければ、それだけで不適格の烙印を押されることもあります。

　「志望理由」は、どれくらい本気で医師になりたいのか（本気度）を測る試金石のような役割を果たします。しっかりとした志望理由があるかないかで、それ以外の質問項目の意味も決まってきます。これほど重要な役割を担っているのが、志望理由です。

　さて、志望理由を聞かれて、皆さんは何を答えるべきでしょうか。そもそも、志望の「理由」とはどういう意味でしょうか。

人の行為の「理由」とは、「欲求」と「信念」から成り立っていると言うことができます。つまり、**「何かをしたい」という「欲求」と、「こうすれば欲求が実現されるはずだ」という「信念」が、ある行為（医学部に入ること）の「理由」を構成**します（行為論という哲学の分野における説明です）。

　そうすると、医師になりたい「理由」を聞かれて答えるべきなのは、①「何がしたいのか」という「欲求」と、②「医師等の仕事に就くことでその欲求が達成されるはずだ」という「信念」ということになります。

　つまり、志望理由を説明する場合には、「私は何々をしたいと思っているが、医師になることでそれが達成できるはずだ、だから医師になりたい（医学部に入りたい）」と述べるのです。

　上記はちょっと専門的な説明になってしまいましたので、わかりやすい意味に直してみます。

　「欲求」とは「目的」で、「信念」とは「手段」のことだと考えてみてください。

・【欲求】「私は、○○がしたい」
⇒【目的】「私には、○○という目的がある」

・【信念】「医師になればその欲求が達成されるはずだ」

⇒【手段】「医師になることでその目的が達成できる」

　前記の「目的」（欲求）は、必ずしも崇高なもの（たとえば「感染症を撲滅したい」）だけである必要はありません。しかし、「地位が高い仕事に就きたい」、「給料の高い仕事に就きたい」など、志の低い目的（欲求）だけしかない人は、医師を志望するべきではありません。

　地位や高い報酬を求めるのはかまわないが、それだけが目的ではいけないということです。なぜなら、**医師は非常に公共性の高い仕事**だからです。医師になろうとする人は、自分以外の人の健康や幸福に貢献しようとする意思がなければなりません。少なくとも、他者の健康や幸福を喜べる人であってほしいと思います。

　これはタテマエだけの話で述べているのではありません。真剣に「やりたいこと」「人生の目的」を考えた上で、自分の幸せだけのために生きたい人は、医療職ではない道を見つけてください。本音を隠せばいい、というのものでもありません。

　反対に、「目的」が崇高で立派すぎるものばかりである

人も、注意が必要です。

　志望理由は、「欲求」に根ざすものです。つまり「やりたいこと」です。前のページで、「欲求」を「目的」と言い換えましたが、「目的」が立派な人は、ほんとうにそれが自分のやりたいことなのか、自分の真の欲求に根ざしているものなのか、よく振り返ってみてください。

　本当は、ただ立派な人に見られたいだけで医師を目指していませんか。このような人は、「欲求」＝「目的」となっていない人、つまり自己矛盾を起こしてしまっている可能性が高いです。こういう人も、将来、「本当にやりたいこと」が見つかると、医学部（医師）をやめることになりかねません。

　つまり、医師の「志望理由」を考えることは、本当に自分のやりたいことが医師という仕事にあるのか、あるいは医師という仕事の延長線上にあるのかを考えることなのです。まともに進路を考えるには、ある程度の知識と経験も必要です。18歳や19歳の若者がここまで真剣に考えるのは、少々大変かもしれませんが、**日本の場合は、「医学部に入る」＝「医師になる」という職業選択の機会でもある**ので、苦しくとも、一度は真剣に考えておく必要があるのです。プロローグで、山口先生が、「志望理由書作成に

は３ヶ月を要する」と述べているのは、こういった真剣な自問自答を必要とするからです。

＊＊＊

さて、以上のとおり「志望理由」に書くべき内容とその意味を解説しました。ただ、受験する大学によって書くべき分量は多かったり少なかったりしますし、実際の面接でも答えるべき分量はさまざまです。したがって、志望理由書を準備する段階では、大体200字程度の志望理由を書いておきましょう。

その上で、それを短くしたり、省略したりしながら、ペンで書いても、口で話しても、適切な分量で説明できるよう練習をするようにしてください。

なお、志望理由を書く（述べる）場合には、医師を志望するようになった「きっかけ」から始めると、よりわかりやすくなります。「きっかけ」とは、志望することになった「原因」を説明するもので、志望理由に合理性・説得力を与えてくれます。これで、「なるほど」と思わせるストーリーが出来上がります。

まとめると、以下のような構成になります。

【志望理由に盛り込む内容（まとめ）】

1．きっかけ：

　　⇒志望の契機となる出来事や経緯（＝原因）

2．医師になる目的：

　　⇒何がしたいのか（＝欲求）

3．手段の合理性の説明：

　　⇒上記実現のため医師になることを示す（＝信念）

【「医師志望理由」の例】（400 字程度）

■【きっかけ①】私は、キリスト教の家系に生まれ、困っている人に手を差し伸べることの大切さを教えられて育ちました。その後、癌で亡くなった祖父の闘病生活を身近に見ることで、【目的①】いつかは、病気の人を救いたいと願いました。こうして、病に苦しむ人に奉仕する医師という仕事に就きたいと思うようになりました。

■【きっかけ②】その後、数回にわたったアジア地域への短期留学で、このような地域の妊産婦や新生児の高い死亡率を知り、【目的②】アジアやアフリカなど、貧困や感染症に苦しむ地域の、弱い立場の人たちのために、日本と同じレベルの専門的な医療を提供できる医師になりたいと考えました。

■【手段の合理性】病に苦しむ人、とりわけ恵まれない環境や危険な状況で医療を待つ人を直接救うことができるのは、医師しかありません。私は、医師になって、上記の目標を達成します。

3．本学・本学部（学科）を志望する理由

　前節では、志望理由の書き方を説明しましたが、志望理由には、「医師の志望理由」と「大学の志望理由」の二つがあります。

　「志望理由を書け」とだけあった場合には、医師志望理由に加えて、「その大学の」志望理由も書く必要があります。ここでは、「なぜ他の大学ではなく、本学（学部・学科）を志望するのか」にもきちんと答えておかなければなりません。

　「なぜ他の大学ではなく…」という質問は、当然、実際の面接でも聞かれることになります。これは、超トップ校を除いたほとんどの大学において聞かれる可能性があります。特に中堅以下の大学では必須です。

　なぜこんな質問がされるのでしょうか。それは、倍率が高い医学部の入試では、上位校に受かったことによる「入学辞退者」も多く出るため、入学定員の何倍もの人数の合格者を出さなければならないからです。こういった質問の趣旨は、**実際に合格を出した際に「本当に入学する気はあるのか」を問うもの**だと考えられます。

　さて、この「本学の志望理由」に答えるのは、実は、結

構難しいのです。というのも、立地や伝統、入試難易度の差を除き、日本の医大・医学部には、カリキュラムや学習内容における大きな差はないからです。文部科学省と厚生労働省によって、6年間で実施するべき教育内容がしっかりと決められているため、どこで学んでも、一人前の医師になれるようになっているのです。

　こんな事情もあってか、「本学の志望理由は何ですか」という質問に対して、多くの受験生は、「貴学の"ヒューマニズムに溢れた医師を育てる"という建学の理念に共感しました」などと答えるのです。

　章の冒頭にも説明したように、これは**「没個性」の最たる回答で、もっとも避けるべき答え**の一つです。このような志望理由は、当たり障りのない、安全なフレーズであることは確かです。しかし、面接官の心に、まったく響かないどころか、むしろうんざりされてしまうかもしれません。

　もちろん、あなたがクリスチャンであるとの理由で、キリスト教の大学（例えば聖マリアンナ医科大学）の理念に共感を示すのは、十分説得力のあることです。こういう場合は、「理念に共感して」と書いても（述べても）よいでしょう。

　しかし、このような例を除き、建学の理念や教育方針などを第1の理由に挙げるのはなるべく避けてください。も

ちろん、書くのは絶対にダメということではありませんが、少なくとも、それしか書かないのはよくありません。

　パンフレットやホームページの1ページ目に書いてある抽象的な文言は、誰でも書けるのです。それを、あたかも真っ当な志望理由であるかのようにしてしゃべってしまう受験生の鈍感さに、大学の教授たちはうんざりしているというのが実情です。むしろ、大学の先生たちは、「納得できる本音」を聞きたがっています。

　可能ならば、説明会やオープンキャンパスで見たことや聞いたこと、その大学に進学した知り合いや先輩がいるならそういう人の話を聞いて、**直接見聞きした情報を元にして書くのがよい**でしょう。インターネットの情報やつながりも駆使して、一次情報を探してみてください。

　ホームページ上でも、研究内容などについては調べることができます。自分が進もうとしている方向（診療科・研究）について、どんな研究室があって、どんな業績があるか、ざっと見ておくのもよいでしょう。

　その医学部に入りたいのであれば、その医学部のことについて、真剣に調べるはずです。追求している趣味や、好きな人のことは、いろいろと知りたくなるのが普通です。具体的なことを何も知らないで受験しても、その大学について何も知らないのなら、「本気で受かろうとしていない」

と思われても文句は言えません。

　受験直前の場合は致し方ありませんが、少しだけ時間を
みつけて、**受験する予定の大学について、なるべく早期に
調査を始めて**ください。

【「本学を志望する理由」の例①】（200字以内）

■私は、将来、国際的に活躍できる医師になりたいと考
えております。貴学には、1年次の寮生活、USMLEを
見据えた英語での医学教育、充実した留学プログラムな
どがあります。私の高校の先輩で貴学医学部2年生の方
に、実際にお話を伺い、英語での医学教育によって、最
先端の医学雑誌が読めるようになったとお聞きしまし
た。国際的な医師を目指す私にとって、貴学には理想的
な環境が整っていると考えて志望いたしました。

【「本学を志望する理由」の例②】（200字以内）

■貴学を志望したのは、私がまず一人の女性として、立
派に自立し、社会に奉仕できる人になるため、貴学のよ
うに、志の高い女性が全国から集まる環境で学びたいと
思ったこと、また、地域医療に携わる卒業生医師の元で
の研修等、充実したカリキュラムに魅力を感じたことが
理由です。また、貴学に在籍する優秀な先輩から、直接
上記のお話を伺ったことも、貴学を志望する決め手とな
りました。

【「医師の志望理由～大学の志望理由」を両方含めた例】 （400字以内）

■私が医師を志すようになったのは、中学時代に親友が入院した時のことがきっかけです。彼女は、無事に治癒して退院することができたものの、入院中に医師から受けた説明によって、その後は物事の捉え方や生き方が別人のようになってしまいました。医師の対応は、よくも悪くも患者のその後の人生にまで影響を与えることがあると知って衝撃を受け、私は、病だけでなく心も診ることができる医師を目指したいと思うようになりました。

■貴学を志望する理由は、主に、その充実したカリキュラムや研修体制にあります。私は将来、地域に根差した臨床医療に従事したいと考えているため、貴学における、地域医療に携わる卒業生医師のもとでの研修や、地域診療所での研修に大きな期待を寄せています。また、貴学に在籍する私の出身校の先輩から、地域医療を学ぶのに最適な環境であるとの実例を直接に伺ったことも、貴学を志望する決め手となりました。

４．今まで力を入れてきたこと（自己推薦・自己評価）

　志望理由書の記載事項のうち、「志望理由」には未来の自分を書きますので、当然、「今まで力を入れてきたこと」には過去の自分を書くことになります。ここで注意すべきなのは、**過去から未来への自分の来歴の「つながり」**です。

　「今まで力を入れてきたこと」は、過去にどういう活動を行い、どのような成果を上げてきたかを聞く質問ですが、**その活動がどのように「医師」という職業につながり、その成果をこれからの勉強・研究・職業にどう活かすのか、その「つながり」を合理的に説明できる**ことが大切です。

　もちろん、文系から医学部を目指す人や、いままでの進路・経歴（キャリア）を大きく変えて医学部を目指している人もいると思います。しかし、どんなに正反対に見える経歴でも、**過去の活動からこれからの進路につながる合理的な理由**があるはずです。それを、ぜひ探し出し、表現するようにしてください。

　本章の冒頭で、「志望理由書」は面接試験に臨むにあたっての「戦略的なメッセージ」だと説明しましたが、「今まで力を入れてきたこと」に対しては、最も戦略的に考えて

回答を書くことが求められます。医学部に入ってから、あるいは医師になってから活かすことができそうな活動・成果に焦点を当て、堂々と語れる項目について重点的に記載するようにしてください。

　高校時代（大学生以上の方は現在まで）の活動履歴、たとえば、部活動などの課外活動歴、アルバイト歴などを書かせる場合もあります。また、気になったニュースや、購読している新聞、読書経験などを聞くものもあります。

　ボランティアなどの社会活動を書け、という欄もあります。これらには、どんな小さな経験でも、堂々と書いてください。

　ただ、やはりどの記載事項にも、今後の活動や生活への「つながり」を意識して書いてください。たとえば、趣味がK-POPを聴くことのような小さなことであったとしても、忙しい医師の職業を続ける上で、ストレス・コントロールの手段として意味があるはずです。

　なお、大学によっては、「今まで力を入れてきたこと」を「志望理由書」とは別の用紙に書かせる場合もあります。また、「自己評価書」「自己推薦文」という名称で同内容を書かせる場合もあります。どちらも推薦入試や編入試験などに多いようです。「自己推薦文」の場合は、自分が入学することで大学側が得られるメリット、という観点で整理

するとよいでしょう。

【「今まで力を入れてきたこと」(自己推薦文) の例①】
（400 字以内）

■中学以降、勉強よりも陸上競技に熱中し、高校 3 年までの 6 年間、ほぼ毎日休まず練習を続けた結果、満足できる成果を収めることができ、また体力と精神力が身につきました。文科系の科目は得意だったものの、高 3 の秋からでは、理数系の学力を伸ばすことできず、医学部進学は諦めざるを得ませんでした。

■しかし、先生や周囲から「お前が医師にならないで誰がなるんだ」と言われたことを心の支えに、卒業後は受験勉強に専念し、苦手科目の克服もできたと自負しています。

■私は、これまで部活動や課外活動にも積極的に参加し、老若男女を問わず様々な人とも交流をしてきた経験から、強い体力と精神力、明るく社交的な性格には自信を持っています。

■多少、気を使いすぎる嫌いはありますが、周りの人たちと常に良好な関係を保ちつつ、物事を協力的に進めることも得意です。これらの資質は、私が医師になってからも、必ず役立つものと確信しています。

【「自己評価書」（自己推薦文）の例②】（400字以内）

■私の長所は、親身になって人の話しを聞き、相手の立場から物事を考えることができることだと考えています。これらは、自分自身がたくさんの人々に支えられてきたからこそ得られたものです。中でも、6年間所属してきた吹奏楽部での活動や、パートリーダーとしての役割を通じて培われたものが大きいと考えています。高校卒業目前に広まったコロナ・パンデミックにおいても、この資質の大切さを実感しました。私は、将来医師になってもこの資質を活かしていきたいと思います。

■また、心身の健康にも自信があります。私の出身高校では毎年「歩く会」という2日間かけて約80kmを歩く行事があります。食料や着替えを全て自分で持ち、3時間程度の仮眠だけで昼夜を通してひたすら歩くのですが、私は3年間を通じて完歩を遂げました。これも、厳しい医学部生活や医師の生活には欠かせない、体力と忍耐力を備えている証明になると考えています。

5．志望理由書「準備シート」

　付録として、志望理由書を作るにあたっての「準備シート」を以下に載せておきます。

　それぞれの項目について答えを作成するだけで、志望理由書に書くべき内容を整理することができます。

　ここで書き留めた回答をもとに、各大学の志望理由書の記入欄に合わせた形で文章を作成してみてください。

志望理由書「準備シート」
（拡大コピーをしてお使いください）

１．医師を志望する理由（動機）

□医師を目指すきっかけになったのはなんですか？

（出来事、経緯、ストーリーなど）

□将来は、どういうことを成し遂げたいですか？

（目的、理想の生き方、人物像）

□目的を達成するために医師になることは必須ですか？　説明してください。

□どんな医師になりたいですか？

・診療科／専門分野は？　臨床？　研究？ etc.

２．本学を志願する理由

□本学を志願した理由はなんですか？

・知ったきっかけ：

・本学で実現できること・学びたいこと：

・大学の特徴（特にカリキュラムや研究面）

□なぜ他校ではなく本学なのですか？

３．あなたのプロフィール（過去から現在までのこと）

□高校時代（浪人・大学）の生活について教えてくだ
　さい。

□成績について。得意科目・不得意科目。

□（調査書などに書いてある）「欠席」の理由。

□いままで力をいれてきたこと。

□あなたの長所・短所について。

□特技や趣味はなんですか。

□愛読書・購読新聞・雑誌など。

□余暇の過ごし方、ストレス解消法など。

＜合格体験記 vol.2 ＞

K.T さん　2021 年合格　慶應義塾高校卒
■東北大学医学部へ進学
【その他の合格大学】　東京慈恵会医科大学　日本医科大学
　順天堂大学　東邦大学

**Q：難関の医学部に合格するためには、学科の対策だけで
　も大変だと思うのですが、小論文や２次面接対策はどの
　ようにされていましたか？**

A: 最初は、面接と小論文対策は、後回しでも良いかなと
　思っていましたが、あえて予備校のメディカル小論文を
　１年間、受講していました。それは「医療に関する情報
　や、社会時事の常識なども身につけさせておきたい」と
　父からアドバイスを受けてのことでした。先生はこの本
　の著者である原田広幸先生だったのですが、単に小論文
　のためだけの授業ではなく、面接のときのための引き出
　しを用意する授業になっていました。小論文で扱った内
　容は２次試験の面接でたくさん、たくさん的中していま
　した。「あ、この内容メディ小で扱った内容」だと思っ
　て、授業でやったことを思い出して話す場面がいくつも

いくつもありました。学科の対策しかやっていないと、いざ面接で社会常識的な質問をされると困ってしまうと思います。こうした知識は付け焼刃ではできないと思うので、小論文も年間で対策しておいて良かったと思っています。

Q：具体的には、どのように面接で聞かれましたか？

A: 東邦大学医学部での面接試験（MMI）での話ですが、紙に書かれていたのは、世界での離婚率の高さを比較する地図でした。離婚率が高い場所が赤く塗られていました。アメリカは真っ赤で日本はオレンジでした。これを見て「あなたが思うことを述べよ」（問1）、「離婚率が高くなる理由を考察し、科学的に証明するにはどうしたら良いか」（問2）に答えるものでした。それで、この内容をちょうどメディカル小論文でも扱っていたので、スラスラと答えることができたんです。

Q：どんな風に答えましたか？

A:「アメリカでは選択肢が多い分、それが離婚率にも影響するのではないか？　日本では、年々離婚率が高くなっ

101

て来ていると思うのですが、それは日本では、男性の平均年収が下がっているものの、女性の結婚観は変わっていない、たとえば子供２人を育てて、専業主婦で普通に暮らしたいという普通の考え方が今でもある、これが男性の平均年収の減少とマッチできておらず、そこがアンバランスになって離婚率が高くなっているのではないか？」のように答えました。これは、日本の婚姻率を小論文の授業で扱った際に、原田先生がご指摘された通りの解答でした。これに限らず、いろんな面接で役に立ちました。小論文を受講しているときは、これ医学部入試で出るのかな？　って思う場面もありましたが、それとは反対に「幅広い分野についての偏りのない知識」を必要とするのが医学部の２次試験だと実感しました。

第2章　面接準備：どう答えるか

　では、いよいよ1次試験に合格して、2次試験の面接に臨むことになったとして、どのような準備をすればよいか（心構えや注意すべき点、どんな質問があるのか、練習はどうすればよいか）について説明をしていきます。

　最初に、大学に提出した志望理由書等の出願書類のコピーを用意しましょう。万が一、出願書類のコピーを手元に残すのを忘れてしまった場合は、出願時のノートやメモをできるだけ見つけ出して、何を書いたかを思い出すようにしてください。出願書類に書いてあることと、面接で話す内容との間に矛盾があるようだと、本気度が疑われかねません。

　推薦・AO・編入試験を受験する受験生の場合、入学願書を書き終えたら、すぐに面接の準備を始めてください。
　一般入試の受験生は、とりあえずは1次試験（学科試験）突破を優先して勉強を進めることが大切ですが、いざ「1次合格」となったらすぐに対応できるよう、できるだけ早期から、少しずつでも準備を進めてください。

1. 心構え

　さて、まず、医学部面接の心構えについてです。大前提として、医学部の入試は、就職試験と同じ意味を持っていることを押さえておきましょう。ここが、文学部や理学部などの一般学部との大きな違いの一つなのです。

　文学部や理学部などは、学ぶ内容がその後の職業と直結していない方がむしろ普通です。一方、医学部では、受験がそのまま就職試験にもなっていると言っても過言ではありません。**医学部の面接試験に対しては、「就職面接」と同様の心構えで臨む必要があります。**

　その心構えとは、医師という職業への強いモチベーション（本気度）とそれを熱意をもって伝えようとすることです。

　しかし、本気度や熱意はどのようにしたらテストできるでしょうか？

　たとえば、あなたが、会社の社長で、入社を志願する候補者を面接しているとしましょう。そして、あなたの会社は人気があり、多くの候補者から自由に選ぶことが可能であるとします。あなたが社長なら、どんな人を選び、合格させるでしょうか？

　きっと、自分の会社にぜひ入社したいという本気の意志がひしひしと伝わり、会社での実際の仕事がこなせることが予想され、そして、すぐには辞めないような人を選ぶでしょう。

　本気度や熱意は、会社の業務内容を具体的に理解しているか、どれだけ入念な準備がされているかを聞けばわかります。また、仕事ができるかどうかは、自分の成果をうまく表現し伝えられているかで判断することができます。

　さらに、（少なくなりつつあるとは言え）医学部などの面接で、「家族構成」や「親の職業」を聞かれる場合があるのは、環境的・経済的に、安定して学業を続け、ドロップアウトしないかどうかを大学側が判断したいからです。

　医学部の面接もこれと同じです。志望理由などを抽象的な理念を振りかざして、器用に述べることよりも、ややぎこちなくても、医学や自分のやりたいことについて、「具体的」に述べられる方がよいのです。

　なお、第Ⅰ部で述べた通り、面接試験の一環として「集団討論」を行わせる場合や「MMI」（Multiple Mini Interview ／マルティプル・ミニ・インタビュー）という面接形式を採用する大学もあります（第3章第5節で詳説）。

　いずれの場合も、その本人の人となりやコミュニケーション力を、より客観的な方法で見ようとするものです。

志望理由書に書いてあることや個人面接で聞かれたこととの間に矛盾がないような、そして、常識的で一般的な倫理観に背かないような回答を心がけてください。

2．こんな質問への準備をしておこう

　次に、実際の質問の項目に対する準備です。

　まず、各自でB5版の普通の大学ノートを用意し、「面接ノート」を作ってください。面接ノートは、左側のページにQ（質問）を書き、右側のページにA（回答）を書きます。

　まずは、答えるべき内容について、箇条書きで書き出し、キーワードを確認しておきましょう。すべての質問項目に対する回答を、セリフとして「作文」する必要はありません。そもそもセリフとして覚えるのは大変だし、答えるときにロボットのようなぎこちない対応になりがちです。**むしろ、箇条書きを思い出しながら、その場で話を組み立てられるように練習しておいて**ください。

　では、以下、面接ではどんな質問が聞かれるのかを説明し、ポイントと注意点を説明します。もちろん、解答例は、あくまで「他人の解答」に過ぎないので、その人にとっての模範解答になるとは限りません。それぞれが、自分自身の「答え方のコツ」を見つけ出し、**最終的には「自分だけの答え」を考えて**ほしいと思います。

（Q1）医師の志望理由を教えてください

　医学部において、必ず聞かれるのは「医師志望理由」です。繰り返しになりますが、医学部は、文学部や理学部などの「教養型」の一般学部と明確に異なり、職業に直結した「専門職型」の学部だからです。

　幅広く学んでから自分の適性を見極められる一般の大学では、就職活動をするときに初めて考えることになる「（職業の）志望理由」を、大学受験のときに明確にしておかなければならないのです。

　そこで、第1章で準備したとおり、志望理由を述べるときに盛り込むべきことは、以下の内容となります。

【志望理由に盛り込む内容】

1．きっかけ：

　　⇒志望の契機となる出来事や経緯（＝原因）

2．医師になる目的：

　　⇒何がしたいのか（＝欲求）

3．手段の合理性の説明：

　　→上記実現のため医師になることを示す（＝信念）

　前記のなかで一番重要なのは、「2：医師になる目的」です。質問で急かされているような場合は、「2」だけ答えればよいですが、時間がありそうなら、「1⇒2⇒3」と順番に述べるとよいでしょう。

　次に、「志望理由」を答えるときのその他の注意点ですが、以下をよく点検してみてください。

> ・具体的に語っているか。
> ・医師の仕事が、理念（人生観）や将来の大目標に直結しているか。
> ・自分の適性に合致していることがわかるか。

　まず、**個人的な経験、体験をベースに、どのようなきっかけで医師を目指そうと考えたのか**をしっかりと振り返っておくのが大切です。

　よく、「大切な人を亡くしたのがきっかけ」「家族や親戚に医師がいて憧れて」と言う人がいます。おそらく、100人中90人が、そういうきっかけを持っていると答えるでしょう。もちろん、それではダメだ、と言うことではありません。しかし、他の人と同じ発言をするということは、下手をすると、他の人の同様の回答の中に「埋もれてしま

う（忘れられてしまう）」可能性があるということも考慮に入れてください。

大事なのは、ありきたりの経験でも、そのありきたりな「大切な人を失くした」ときに自分なりに考えたこと、その出来事を医療者になることによってどのように変化が生じるかを、前向きに、そして具体的に、述べられるようにしておいてください。

もし仮に、そのすべてを面接で説明しなかったとしても、**そのような考察を経たか・経ていないかで、答えの深みが異なってきます。**なお、「悔しいからリベンジしたい」という論法は、あまり感心できません。

具体的でしっかりと考えられた回答は、試験官の記憶に残ります。そして、面接のあとに開かれる合格判定会議で、ちゃんと思い出してもらえるのです。

また、「理念や目標に直結している」という点は、のちに聞かれるかもしれない「将来の希望や進路」と、矛盾なく連続しているかどうか（「つながり」があるか）が重要です。

「この大学・学部の志望動機」との連続性も、当然に重要です。臨床医の育成を掲げている大学で、「研究医になりたい」と述べるのは、それだけで不利になるということ

はなくても、**「ほかの（国公立などの）医大に行ったほうがいいんじゃないの？」と言われてしまう可能性**があります。そこまで言われないとしても、「大学について下調べができていない、詰めが甘い人物」とも受け取られかねません。

　「自分の適性に合致している」というポイントも重要です。「救急救命医療をしたくて（志望する）」「国境なき医師団で働きたくて（医師になる）」という答えはおおいに結構ですが、そのようなポジションは、ものすごい体力と精神力、判断力が必要であるということを忘れないようにしてください。**思いだけが先行した「単なる夢想」は、試験官の先生にツッコミを入れられてすぐにバレてしまうの**で要注意です。

（Q2）本学を志望する理由を教えてください

「志望理由書」に書いてあっても、あらためて面接試験で聞かれることが多い項目です。

ただ単に「志望理由を教えてください」と聞かれた場合は、「まず医師を目指したのは、……、そして貴学を志望したのは、……」と、それぞれの項目を短めにして答えるようにします。

答える内容は、できるだけ具体的で、1次情報に基づくものを取り入れるようにしましょう。1次情報とは、**オープンキャンパスや大学説明会で得た情報、内部の学生や卒業生などから聞いた情報、進学した先輩から聞いた情報等々、生の情報**のことを言います。

これらを得るのが難しい場合には、学校や予備校の先生にツテがないか聞いてみて、メールや電話でコンタクトを取ってみることをお勧めします。**後輩から聞かれて嫌がる人はあまりいないはず**です。

反対に、できる限り、抽象的な理念や校是などを理由に挙げることはやめておきましょう。少なくとも、「第一の理由」にはしないほうがよいです。実際、「校是」で大学を選ぶ人はほとんどいないと思います。

志望理由書の箇所で説明したとおり、パンフレットや

ホームページの1ページ目に書いてある抽象的な文言は、誰でも真似してすぐに言えるのです。大学の先生たちは聞き飽きています。

　以下のポイントを中心に情報収集し、しっかりと話せるように準備をしてください。

・その大学を知ったきっかけ⇒志望したきっかけ

・大学の特徴（特にカリキュラムや研究面）

・どんな人が集まっているか、その他のポイント

・この大学に入った場合、自分の目標や進路にどのような点で役立つか

　面接においては、トップ校を除いたほとんどの大学において、「本学は第何志望ですか？」と聞かれることは多いです。

　もちろん、この質問には、**基本的に「貴学が第一志望」というスタンス**で答えてください。どんな大学でも、合格者を選ぶのは個人、つまり人です。そしてどんな人にも好き嫌い（主観的な選好順位）があります。かりに、同点の受験生の一人だけしか合格させられない状況で、一人が「第一志望」、もう一人が「第二志望」と答えたら、「第一志望」

113

と答えたほうを合格させたくなるのが人情です。つまり、誰でも自分（たち）を好きな人を好むのです。

したがって、「本学は第何志望ですか？」と聞かれたら、「第一志望です」と答えるのがベストなのです。

どうしても、そう答えるのが良心に反すると感じてしまう人、嘘になってしまいそうでそれを避けたい人は、「はい、貴学から合格をいただけましたら、よろこんで入学したいと考えています」という回答で逃げ切ってください。

また「なぜ〇〇大ではなくて、ウチが第一志望なの」などと聞かれる可能性も高いです。特に中堅以下の大学では、準備が必須です。その場合に備えて、受験する大学ごとの特徴・長所・自分にとってのメリット等をしっかりと調べておいてください。

ただし、「貴学しか進学する気はなく、他の医学部に受かっても行きたくありません」とまで言う必要はありません。たまに、「（他に受かっても）慶應（医）しか行く気はありません」とか、「御三家（慶應・慈恵・日医）以外は進学しません」とか宣うツワモノに会うことがありますが、そういう人は何のために医学部に進学しようとしているのでしょうか。私が試験官で、そういう発言を聞いたら、不合格にしてしまうかもしれません。

(Q3) 今までの自分について

　面接で聞かれる内容のバリエーションは多様ですが、面接官が知りたいことはたった一つしかありません。それは、あなたがどんな人物であるか、という点です。

　本当に医療従事者にふさわしい資質を備えているのか、学力だけでなく、医療従事者としての倫理観を備えているか、厳しい学業をこなしていく気力・体力はあるか。計画性はあるか、地道さはあるか。本当に本学で学びたいのか。性格は前向きだろうか、慎重さは垣間見えるが、臆病すぎないだろうか。声が小さいが、コミュニケーション能力に問題はないだろうか…。

　これら、すべての疑問を短時間に明らかにすることはできませんので、質問項目それ自体は、これらを知るための効果的な質問、いくつかの典型的な質問に絞られてきます。

　こういった質問の中で、もっとも重要な項目は「志望理由」（医師の志望理由）と、「本学（医学部）の志望理由」ですが、それと同じくらい重視される質問が、「高校時代（浪人時代、大学時代）で、一番力を入れたことは何ですか？」など、これまで（過去）における受験生の経歴とその自己評価を問う質問です。

何を頑張ってきたか、何を達成してきたかを聞くことで、学科試験では測れない、その人の資質・能力を見定めることができます。

　著者が講師として面接対策をしていると、「特に何も力を入れてきたことがない」、「何も成し遂げたことがない」、と悲壮感を漂わせて、「何も答えられない（答えられなかった）」と言って相談してくる人が、毎年のようにいますが、そういう人には、**「勉強を頑張りました」と言えばよい**、とアドバイスしています。

　少なくとも、１次試験が学科のみで、２次試験として面接が課されているような場合においては、「勉強頑張りました」は、何も問題ないどころか、**「１次試験合格」というお墨付きがあるわけだから、説得力があります**。受験では、勉強ができるのが一番重要で、一番偉いのです。もちろんそれだけでは足りないのですが、**懸命に努力した、その努力や計画性は、医師としての仕事に活かせるはず**です。

　たとえ部活や生徒会で活躍していなくて、受験勉強くらいしかしていなくても、勉強中どのように誘惑に打ち勝とうとしたのか、どのような受験戦略を立て、どのように実行したのか、という努力の道筋を話せるならば、よい面接点がもらえるでしょう。

「勉強頑張った」というアピールをする場合は、何を、どのように反省し、計画をどのように立て、どのように（地道に、コンスタントに）努力してきたか、何を工夫したのか、といった、**具体的な方法とプロセスをわかりやすく説明できるようにしておく**ことがポイントです。

また、「内申書」「成績証明書」の成績が悪いのですが…という悩みもよく聞きます。はっきり言えば、現役高校生の推薦入試以外では、ほとんど内申書の成績など関係はありません（推薦の場合は出願できませんが）。

むしろ、こんなに悪い成績だったのに、いま勉強を頑張って、この面接会場にまで辿り着いたんだ、というプロセスを具体的に語ることで、**「努力できる」「やればできる」という一面をアピールすることが可能**になります。堂々と「変わった」私をアピールしましょう。

「頑張ったこと」として、生徒会活動や部活動を挙げる人は非常に多いです。しかし、これだって、具体的に何を頑張って、何を得たのかという結論をきちんと話すことができなければ、アピールになりません。「学園祭実行委員長をやって、人の上に立つことの難しさを学んだ」などと抽象的なことを言っても、「あ、何も学んでないな、コイツは」と思われて、そのまま面接終了です。

117

どんな小さなことでも、そこから、今後の医学の勉強や医師への道に関わるような、具体的な学びを見つけてください。

　「生徒会長やってました」（という俺はエライ！）、「キャプテンやってました」（という俺はリーダーシップがある！）というアピールは、大学入試では、レベルの低い自己主張にしか見られません。**何が得られたのか、何を解決できたのか、何に貢献できたのかを、とにかく具体的な話として準備**しておいてください。

　ともかく、「役職」や「役割」ではなく、具体的な努力とそのプロセスをアピールし、「この人は本当に頑張れる人なんだな」と思わせることが重要です。

　なお、本をたくさん読んだとか、映画を 300 本見た、というようなアピールも、面接で話す価値のある経験です。本や映画の経験は、良い社会人になるのに必要な教養のベースになっているはずです。

(Q4) 将来構想（これからの私）

　これも、必須の質問準備項目です。注意すべきポイント
は、医師等志望理由で述べた３点です。

・具体的に語っているか。

・医師の仕事が、理念（人生観）や将来の大目標に直
　結しているか。

・自分の適性に合致していることがわかるか。

　たとえば、あなたが、「多くの恵まれない子供たちの健
康のために奉仕したい」という目的をすでに述べており、
「近い将来、地元に残って地域医療に貢献したい」と考え
ていたとしましょう。ところが、その地域は比較的裕福で
恵まれた家庭が多い地域であった場合、**目的と将来構想に
ズレが生じている**ことになります。

　「その地域には、恵まれない子供たちはどれくらい、ど
のような状態でいるのか」、「その地域の医療でもっとも
ニーズのあるのはどの診療科なのか」、このような想定問
答を繰り返し、細かな点まで答えられるようにしておくの
が重要です（地元医師会の Web ページを見ておくと良い
でしょう）。

「留学したい」と述べる人も多いです。しかし、帰国後にその経験をどのように生かすかまで答えられる人は少ないのが現状です。英語を勉強したいという受験生も多いですが、医師になって、英語をどう生かすかについて答えられる受験生もあまり多くありません。

この点につき、一つだけアドバイスを述べておきます。現在の医学および学術界の共通語は英語です。最新の医学知識も、英文のジャーナル（専門雑誌）の発表によって更新されています。したがって、**常に最先端の医学・医療知識をアップ・デートさせたい医療従事者は、専門のジャーナルを読みこなすだけの英語力が必須**となります。この点を踏まえて、何かを述べられるようにしておくとよいと思います。

大学に入ってからしたいことについては、3点に分けて整理しておくとよいでしょう。まずは、勉強と勉強以外の目標、勉強については専門（医学）と専門以外の勉強です。図解すると以下のようになります。

大学でやりたいこと（目標）

1．勉強 ┌ 医学で特に力を入れる分野・研究…①
　　　　└ 医学以外でやってみたい勉強・研究…②

2．勉強以外でやってみたいこと…③

---

　①については、将来進みたい専門分野や研究があれば述べてください。②については、心理学や医療経済、英語などといった、医学以外の勉強や研究分野、③については、ボランティア、部活動、スポーツ、文化活動など、将来に直接・間接に役立てそうな活動をあげるようにするとよいでしょう。

　将来のことを述べるときに陥りがちな**抽象的な議論をなるべく避け、「具体性」のある構想を考えておく**ことも大切です。①大学入学後のこと、②国家試験合格に向けての勉強について、③インターン（マッチング）について（大学病院に残るか、地元に残るか、都市部に出るか）、④卒業後 5 年経ったころの自分、⑤ 10 年後は…。このくらいの質問に答えるだけの準備はしておく必要があります。

　地方の大学などでは、大学病院の人手不足が深刻になっている場合があります。そういう場合は、「少なくとも、卒後 10 年程度は貴学の大学病院に勤めて技術と知識を磨きたい」などと答えるのもよいでしょう。

　自分の適性を踏まえた、将来の計画の「現実性」を検討するのも大切です。つまり、計画の実行可能性の検討です。海外に行きたい、部活動をやりたい、経営も学びたい、な

どの希望を持つことはよいことですが、はたして、すべて実行できるのか、実行するには、どのような優先順位で取り組むべきなのか、費用はどうするのか、このあたりも考えておいてほしいと思います。

　また、医師としてのビジョンを抽象的に聞かれることもありますが、「患者に寄り添えるような医師になりたい」という答えより、なるべく具体的に述べるのがよいと思います。

　関連質問としては、「理想の医師像・職業像を教えてください」、「自分のどこが医師に向いていると思いますか」、「将来の希望進路として何科に進みたいか、将来の進路（専門分野）の希望は？」、「医師が持つべき倫理観とは何か」、「医者になるとあまり家にいる時間が取れないが、医療と家庭どちらを重視しますか？」、「自分が医療ミスを起こされたらどうするか？」、などが挙げられます。

　それぞれが整合的で矛盾のないように、どんな答えであっても、堂々と答えられるようにしておくことが重要です。

(Q5)　その他よくある質問内容

1．学校成績や学力、試験結果

・学校生活（部活動、高校の特色）

・高校卒業後の生活

・調査書の内容

・好きな科目とその理由、不得意科目

・浪人をしていた理由

・どういう点で浪人生活がよかったか

　これらは、直近の生活についての質問です。面接官は、あらかじめ提出した志望理由書や調査書を見ながら質問をしてきます。**自分自身のことなのに「忘れてしまった」ら、それは問題外**です。事前に思い出して整理しておきましょう。

　浪人生活についても、それまでのことと同じように整理しておいてください。「浪人」＝「国家試験も浪人」とならないように、**現役時代の失敗の原因は何であったのか、自分がどのように勉強してきたかを客観的に分析し、「どのように変わったか」「何を学んだか」をアピールして**ください。

　多浪生は特に、多浪の理由と自己分析、その経験を今後どのようにプラスに生かすか、を答える必要があります。

大学生以上の方は、その経歴を、医療の世界にどう生かすことができるかを徹底的に考えておいてください。そうすれば、むしろ経歴がプラスに判断されることもあります。

　得意科目・不得意科目についての質問には、不得意な科目をどう克服してきたか（していきたいか）という点に力を入れて語るとよいでしょう。

2．学科試験の結果について
　・筆記試験の出来具合
　・併願校・併願状況
　・（物理受験者に対し）生物の履修経歴
　・（生物受験者に対し）物理の履修経歴

　筆記試験の出来具合を聞かれることも多いです。単に受験生の緊張をほぐすためにしている場合もありますが、この質問の趣旨は、出題内容とその意味を理解できるくらいにきちんと勉強をしてきたかを確認しているのです。

　本当にしっかりと勉強してきた人ならば、**どのような問題が出て、どこが難しかったか、どうすれば解けたかなどを、きちんと説明できるはず**です。どんな問題が出題されたかは、必ず覚えておくようにしてください。

　また、理科の選択科目が物理の人には、生物の履修について、生物選択の人には、物理の履修について聞かれることがあります。高校では基礎科目を履修しているはずですが、もし履修していなかった場合は、大学で新たに勉強することになりますので、「後れないように頑張る」旨を伝えるようにしましょう。

3．プロフィール、家族のこと

・出身地について

・親の職業（医者以外の受験生に対して）

・学費負担者⇒親の年収、資産状況

　家族や学費についての質問は、やや個人に踏み込み過ぎた内容のため、「不正入試事件」以降、聞かれることは少なくなったかもしれませんが、かつては頻度の高い質問の一つでした。近年でも、大学によっては聞かれることがあるので、医師家系の受験生は、実家の診療科や経歴をしっかりと言えるようにしておきましょう。

　医師家系でない受験生や会社員の家庭の場合には、学費をどう捻出するのか、しっかりと、現実的な回答を用意しておく必要があります。特に、学費の高い私立大学受験者はきちんと知っておく必要があります。18歳を過ぎた大人の受験生ならば、**親が学費を出すにしても、きちんと親と相談し、資金計画ができていることを知っておくほうがよい**はずです。

　親の職業を具体的に聞かれることもあるので、聞かれたら堂々と答えましょう。受験生は、確実な「親・家族の協力（資金面を含む）」を取り付けていることをアピールできることが大切です。

> 4．人物調査的な質問
> 　・あなたの尊敬する人
> 　・影響を受けた本、最近読んだ本
> 　・最近で一番印象に残っている出来事
> 　・休日の過ごし方・趣味
> 　・ストレスや落ち込んだときの解消法
> 　・自分の長所・短所、自己ＰＲ

　これらの質問は、受験生のキャラクターを知るための質問なので、何を答えても大丈夫ですが、**幼稚な回答にならないように注意**しましょう。自分の答えを用意したら、まわりの大人に聞いてアドバイスをもらっておくことをお勧めします。

　尊敬する人を、「医師である父」「両親」などと答える人も多いですが、肉親を尊敬するのは自然な感情なので、あまり世の中を知らないなと思われる可能性もあります。**歴史的な人物や、学者・研究者、肉親以外の医療従事者などを挙げられると、高い経験知を評価してもらえるかも**しれません。ただし、高校生は、成長途上であることも折り込み済みであり、「ポテンシャル」を見られるので、特に尊敬する人がいなければ、親と答えても差し支えありません。

　読書経験を聞かれることも多いですが、学科試験が最優

先であることを忘れなければ、**「新書（ちくま、岩波、中公、講談社など）」１冊でいいので**、小論文試験対策を兼ねるような内容のものを選んで最初の方でも目を通しておくと、質問されても困らなくて済みます。

　自分なりのストレスの解消法を知っていたり、**よい趣味を持っていたりすることは、医師や医療従事者としての安定性、信頼性につながる要因**なので、評価も高くなります。しっかりアピールしておきましょう。

　「長所・短所」の質問も非常によく聞かれる質問です。「短所」について答えるときは、医師等の資質を考えて、職業にそぐわないものは避けるようにしてください。「不器用」「冷静さが足りない」など、医師等に持っていてほしくない性格などは、あえて言わないほうがよいでしょう。また、**「短所」を表現する際には、「裏返せば長所」として受け取られるような表現を使うのがコツ**です。たとえば、「優柔不断」と答えるのではなく「頼みごとを断れない性格」などと答えるのです。

> 5．医療問題・時事問題に関する質問
> 　・最近関心のあるニュースについて
> 　・尊厳死、安楽死について
> 　・患者の家族が宗教上の理由から輸血をしないでく
> 　　れと言ったらどうするか
> 　・パンデミック禍の医療について
> 　・その他、道徳的・倫理的判断に関係する質問（や
> 　　り取り）

　これらについては、文章（小論文）で答える場合のよう
に立派な立論ができなくても構いません。ハキハキ、堂々
と答えるのを旨としてください。**どうしてもわからないこ
とについては、「不勉強のため存じ上げません」と答える**
方がよいでしょう。ごまかしたり、知ったかぶりをしたり
するのは、論外です。

　**医療倫理については、「死」に対する考え方、医者と患
者の関係についてよく問われます。**基本的な概念だけはお
さえておいたほうがよいかもしれません。ただし、小論文
対策をしっかりやっておけば、特別な対策は必要ありませ
ん。

　面接では、「知識」そのものが問われているわけではな
いことは、知っておいてもよいでしょう。聞かれている、

129

あるいは見られているポイントは、医療従事者としての資質です。それを見極めるために、**社会常識や社会に対する態度、課題が出されたときの考え方・答え方、わからない問題に直面したときの対応力、これらを試験している**のです。

　時事問題については、テレビや新聞のニュースで大きく報じられているようなトピックとその概要さえ知っていれば、それほど恐れる必要はありません。重要なのは、「答え方」のほうです。

＜合格体験記 vol. 3＞

Y.H さん「再受験(24歳)」合格　松本深志高校卒
■北里大学医学部へ進学
【その他合格大学（すべて医学科)】
聖マリアンナ医科大学（最終合格)　獨協医科大学（最終合格)　兵庫医科大学（最終合格)　東京医科大学（1次)
杏林大学（1次)　金沢医科大学（1次)　岩手医科大学（1次)

Q：Hさんは再受験だそうですが、医学部を受ける経緯と2次試験のご経験について教えてください。

A: はい。自分はもともと歯学部を辞めて再受験という形で医学部を目指しました。再受験をして浪人していく中で、学力が少しずつ上がってきて、1次試験は突破できるようになってきました。しかし、どうしても2次試験が受からなくて、自分も学力を伸ばすのにも限界を感じていました。そこで、合格した年は面接の練習をかなり行いました。医学部の本番の面接は合計で30回ほど経験しました。

Q：特に２次試験で苦労された面接はありますか？

A: はい、二つあります。一つはMMI、もう一つはグループディスカッションです。

　藤田医科大を受験した際、普通の面接とMMIの二つの面接試験を受けました。MMIでは５分間自由にしゃべってくださいと言われて、自分は３分くらいで話が終わり、以上です、みたいになってしまいました。やはりMMIはかなり練習が必要なのかなと思いました。普通の面接とはちょっとタイプが違って、話す力とか、相手に伝える力というのは、通常の面接以上に求められると思います。

　もう一つは、グループディスカッションです。自分は金沢医大のグループディスカッションを３回受けました。グループディスカッションでは最初に司会になる人を決める場面があるのですが、自分が司会者になるべきか、そのあんばいが結構難しいなと思いました。

　金沢医大に関しては年齢層が高い人たちを同じグループにしていました。自分は３回やってすべて自分の年齢が一番下でした。ほかの受験生は全員自分より年齢が上で、元弁護士みたいな人とかもいらして、とっても話が上手なんですね。これは差がついてしまうと感じること

も多かったです。

　もしそのような状況でも自分にできることを普段通り話す練習をすること、平常心でいてつねに相手の立場になって考えるなどの実地訓練は大事なんだと思いました。

第3章　面接トレーニング：振る舞い方と話し方

1．振る舞い方について

　面接の振る舞い方は、社会人の就職面接ほど堅苦しいものでなくてよいと思います。しかし、医学部の入試は、就職試験の側面もありますので、就職面接に準じて、なるべく大人っぽくできると、「しっかりとした、頼りがいのある学生だな」と見てくれるはずです。できるなら上を目指しましょう。

　振る舞い方については、テキストの説明は限界があるので、次ページ以降の図解の絵をご覧ください。

　ポイントを述べておくと、**①お辞儀、②声出し（挨拶）、③移動・立つ・座る、のそれぞれのアクションを、別個に、分離して行うこと**です。

　慣れないと、お辞儀をしながら「失礼します」と声を出し、ドアを開けながら頭を上げる間もなくツカツカと机に向かって歩き出し、そのまま椅子に着席、といった動きをしてしまいがちです。一つひとつ別個の動作と心得て、丁寧に振る舞うようにしてください。

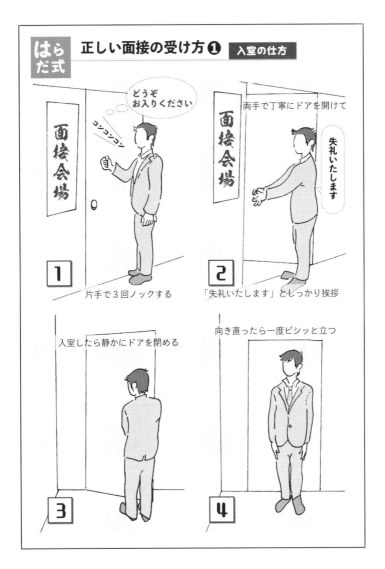

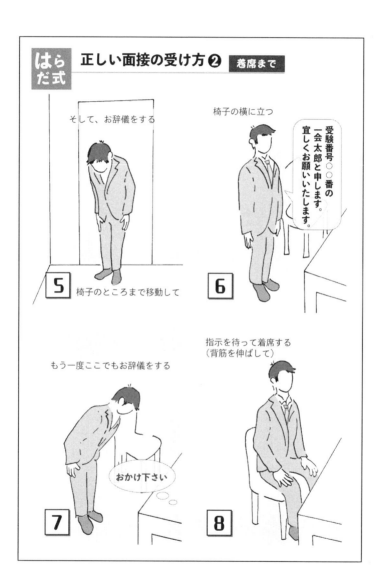

はらだ式 面接時の姿勢

女子受験生

お辞儀の仕方

30度の角度まで
両手を前に添える

座り方

両手を脚の上で重ねる
両足は斜めに傾けても良い

立ち方

両手を前で重ねる

立ち方

両手を太腿の横へ
指先をきちんと揃える

男子受験生

お辞儀の仕方

30度の角度まで
両手は太腿の外側に添える

座り方

両手を膝の近くに置き
両足はやや開いても良い

2．本番に臨む前の「話す練習」

　話すことは、書くことと同様、実技です。実技には、練習が必要です。身体表現は身体運動だから、実際に体を動かして練習しておかなければ、本番でも動くはずはありません。とにかく**最低１回、できれば３回以上、人前で話す練習をしてほしい**と思います。まったく練習しない場合と比べて、格段に効果が上がるはずです。

　練習においては、まず、**①志望理由、②なぜこの大学か、③自分の来歴、④将来像、の４点をスラスラと言えるようにする**ことが重要です。他の項目は、箇条書きでまとめておく程度で十分で、思い出しながら話せればOKです。また、「挨拶」と「はじめの一言」についても、何を言うか、決めておくと緊張しないで済みます。挨拶は、その後の流れを決定する重要な言葉なので、元気よく始められるフレーズを準備し、何度か練習して、毎回同じように言えるようにしてほしいです。

　挨拶なら、たとえば、「受験番号○○番、山田花子と申します。本日は、宜しくお願いいたします！」という感じでOKです。何回も練習してください。

3．どの程度の長さで話すべきか

　面接問答集(模範解答例)などを購入して見てみると、「全部話すと５分はかかる」ような、大演説を模範解答に載せているものがあります。しかし、これらは実用的ではありません。**実際にこんな長く話す時間はない**のです。ですから、あくまで話す内容を考えるときの参考程度に見ておく必要があります。

　面接時間は、大学や試験種別（一般、推薦）によって異なりますが、10 分〜 15 分程度が一般的です。５分ぐらいで済んでしまうところもあります。そんな中で、自分の用意してきた原稿を一方的に諳んじて（長々と）述べられても、面接官は困ってしまいます。聞きたいことが聞けなくなってしまうからです。

　理想的な面接問答のスタイルは、「フォーマルなおしゃべり」です。会話・対話が成立していることです。

　「A ですか？」と聞かれたら、「はい、A です」。

　「B についてはどう思いますか」と聞かれて、「はい、B については C や D が大切だと思います」と答える。

　こういった、短いやり取りが、リレーのように続くのが面接の理想的なあり方です。面接が、受験生の「講演会」

にならないように意識しましょう。

　具体的には、こんな感じです。まず、医師志望理由を聞かれた場合です。これは、面接でも一番長い方の答え方になります。

面接例

Q：「志望理由を教えてください」

A：「はい、私は幼少期より〇〇に苦しみ、病院を転々としましたが、最後に出会った医師のもとで治療した結果、病気を克服することができました。その方は、東京にあるクリニックの医師でしたが、広範な最新医療の研究にも余念のない人で、その先生の提案してくれた新しい治療法によって私は救われました。もともと、生物が好きで、人の命も救うことができる医師という職業に憧れていた私でしたが、恩人の医師との出会いにより、地域に密着した総合医でありながら最新の研究成果も取り入れる医師になり、この地元の医療水準を上げることという目標ができました。以上が、私が医師を志望した理由です。」

（約50秒）

どうでしょうか。これだけですが、話すと意外と長く感じるはずです。これでも、質問の答えとしては、最大限に長い方です。できるだけシンプルに答え、その答えについて再質問を受ける、という会話型の面接を心がけると、話す方も、聞く方も楽ですし、印象も良くなります。

　実際の面接のやり取りは、こんな感じになるはずです。これくらいのテンポで話すのが普通です。

実際の面接例

Ｑ：高校〜浪人時代で、一番力を入れたことは何ですか？
Ａ：はい、英語の勉強を特に頑張りました。

Ｑ：ほう。そうですか。英検３級と書いてあるけれど…。
Ａ：はい、英検は中学生のときに取得したもので、そのあとは受験しておりません。

Ｑ：どれくらいできるの？
Ａ：そうですね。最近受けたTOEICの点数が先日戻ってきて、815点でした。それから、高校２年のときに、

全米高校模擬国連大会に参加して、さまざまな国の
人々とディスカッションを行いましたので、勉強し
た分野については、つっこんだ議論ができるレベル
の会話力があると思います。

Q：そうですか、それはすごいですね。では、勉強し
た分野と言いましたが、どんな分野に興味があるの
ですか。

A：はい、ちょうどその大会での経験もあって、今の
ところ公衆衛生と感染症の分野に興味があります。

Q：そう。将来何をやりたいの？

A：語学力に磨きをかけて、特に東南アジア地域での
医療活動に貢献できる医師になりたいと考えていま
す。

Q：そうですか。ほかに頑張ったことはありますか？

A：はい、英語以外は、受験勉強を頑張りましたが、
特に数学に力を入れて勉強しました。

Q：点数、英語ほどはできなかったみたいだけど。

Ａ：はい、それは率直に認めます。ただ、個人的には、
　ほとんど未履修の科目を１年で人並みにまで持って
　くることができたので、もう少し時間があれば、もっ
　とできるようになっていたと思います。

Ｑ：１年というのは？　どういう意味なの？
Ａ：はい、実は、高校２年の終わりころまで、外交官
　志望で、そのこともあって英語の勉強に力を入れて
　いたのですが、最後に医学部志望に変わって、それ
　からほとんど独学で数ⅢＣまで勉強を進めたのです。

Ｑ：おお。それはすごいね。そうだったのか。よく頑張っ
　たね。どうやって勉強したの？
Ａ：はい。ありがとうございます。勉強は、受験勉強
　法の本をたくさん漁るようにして集めて、数学の勉
　強について読み倒し、一番普遍性がありそうなやり
　方を見つけて実行しました。

Ｑ：どんなやり方？
Ａ：定評のある問題集を６回ずつ繰り返しました。

Ｑ：それはすごい。よくやったね。

A：はい。ありがとうございます。おかげで、思考力もつきましたし、自信もつきました。

Q：ところで、体力や健康には自信ある？
A：はい。特に運動はしておりませんでしたが、今までほとんど風邪もひかずやってこられましたし、体力もあると思います。

Q：もともとそうなの？
A：いえ。子供のころは、比較的虚弱でしたが、中学、高校と３キロほどある道のりを徒歩で毎日通学しておりましたら、自然と体も強くなったようです。

Q：そう。それはよかったですね。では、面接はこれで終わりです。お疲れさまでした。

A：ありがとうございました。

4．「圧迫面接」対処法

　「圧迫面接」とは、面接官がわざと威圧的な態度をとったり、意地悪な質問をしたりして、受験生にプレッシャーをかけて反応を見る面接テクニックです。これは、あくまで演技です（仮にそうでない場合でも、演技だと思うようにしましょう）。

　「圧迫面接」にあったら、皆さんならどうしますか？

　私なら、むしろチャンスだと思います。なぜなら、**どうでもよい受験生には、わざわざ圧迫をかけてきたりはしない**からです。ひるまず、堂々と受け答えをしてください。

　ネガティブなことを指摘されても、「申し訳ありませんが、その点はたしかに勉強不足でした。これから頑張りたいと思います」と答えればいいのです。

　私個人の経験ですが、転職をしたとき、とある外資系金融機関の面接を受けたのですが、そこでかなりたちの悪い「圧迫面接」を受けました。「何も勉強してなかったんだね」「それで本当に良かったの？」などと畳み掛けられて、なんとか（逆ギレもせず、怯みも見せず）切り抜けましたが、さすがに面接後は落ち込みました。

　しかし、あとから内部の知人から聞くと、**その圧迫担当**

者は私に大変な高評価をくださったとのことでした。むしろ、和やかな面接だった別の担当者の方が、あまり良い評価をつけてくれなかったようです。

　こういうこともあるということです。大学入試でも、圧迫を受けたら、ぜひ怯まず頑張って耐えてください。絶対に逆ギレをしたり、あまつさえ泣いたりすることはしないでください。「医師になり、モンスター・ペイシェントに当たったときのコミュニケーションを見ている」と思えば良いと思います。

5．MMI 対策

　MMI と略されるこの面接試験の方法は、カナダの医学部で初めて採用され、北米を中心に広がった新しい面接の形式です。現在は、多くの医療系大学・大学院の入試や医療職の採用試験に取り入れられており、日本の医学部入試では、東邦大学（医学科）や藤田医科大学（医学科）が他大学に先駆けて採用し、その後、東京慈恵会医科大学（医学科）でも導入されました。

　MMI は、5 分程度の短いインタビューを数回（3 回〜 5 回ほど）サーキット方式で繰り返し、受検者（受験生）のコミュニケーション・スキル等を客観的に判定する仕組みです。

　医学部生としての向き不向きだけでなく、**コミュニケーション・スキル、職業意識、倫理的判断力といった、一歩踏み込んだ内面的な、エモーショナル（情動的な）な能力も客観的に評価しようという試み**ですので、特にこれが答え、というのがないのが特徴です。

　MMI では、心理学でいう「ハロー効果」（最初の印象が後の判断に影響を及ぼしてしまう効果）を避けるため、個人を特定する情報をなるべく遮断し、各々のミニ・インタ

ビューは別々の試験官が担当することになっています。たとえば、エリート進学校出身であることなどがわからないように、所属・出身を述べること、制服を着てくることなどは禁止となるのが普通です。

　MMIで実際に出題されたテーマは、実に多様です。具体的場面を設定し、その状況での行動をシミュレーションさせるようなものも多いのが特徴です。たとえば、以下のような内容のテーマが出題されています。

・「レポートの提出が遅れたことを教授にお詫びするために電話をする。どうするか。」
・「レポートをコピーさせてほしいと友人から頼まれた場合、どうするか。」
・「小児がんを患う子供に、自分は病気なのになぜあなたは健康なのかと質問されたらどう答えるか。」
・「面接室に患者さんの夫がいると想定し、入院の同意書にサインさせるにはどうするか。」
・「自分がシングルマザーである場合、副作用のあるワクチンを子供に接種させるか。」
・「社会における医師の役割はどうあるべきか。」
・「電車内でイヤホンから音漏れをしている人がいる場合、どう注意するか。」

149

・「大事な試験の日に道が混んでいるが、危険を冒しても
　抜け道を通るべきか。」
・「大事な試験に行く途中で高齢者に道を尋ねられた。ど
　う対応すべきか。」

　では、実際にはどういう方針で答えるのがよいでしょう
か。

　もちろん、これらの問題には、一般解が存在しませんの
で、「こう答えるのがよい」とは言えません。MMI式の面
接の目的は、「こう答えるのがよい」と言わせないことに
あるので、当然といえば当然です。
　しかし、私であればこのような方針で答える、という一
つの考え方を示すことはできます。答えるときの姿勢と
言ったほうがよいかもしれません。
　以下の回答のサンプルは、それを真似するのではなく、
その答えの背後にある方針、姿勢、思想をよく理解するよ
うにしてください。
　また、人物評価にマイナスがつきそうな答えも、（４）
で挙げておきます。これらは絶対に避けてください。

（1）一般的な道徳観念、マナーについて

> **Q1：「（授業で提出する）レポートをコピーさせてほ**
> **しいと友人から頼まれた場合、どうするか。」**
>
> A1：はい、最初にレポートをコピーしたい理由を友
> 　　人に尋ねて、その理由次第では断ります。コピーを
> 　　する目的が正当な理由、つまり私のレポートを参考
> 　　にしたいとか、ただ読んでみたいなど、他意のない
> 　　ものであればコピーをさせますが、明らかに友人が
> 　　手抜きをしたり、調べる手間を省いたりするためと
> 　　いった理由であるならば、「あなたのためにならな
> 　　いから、自分で調べたほうが（書いたほうが）いい
> 　　よ」と伝えます。

Q2：「レポートの提出が遅れたことを教授にお詫びするために電話をする。どうするか。」

A2：そうですね。誰しもミスや過ちはあり、だからこそ、それをすぐに認めて対処するのが大切だと思うので、できるだけ早いタイミングで連絡を取るべきだと思います。お忙しい先生ならば、まずメールをして、電話してもよい時間帯をお聞きしてからにするのがよいかもしれません。レポートの提出が遅れたことそれ自体は、そのレポートがどれくらい重要なものかにもよりますが、私自身の成績評価に関わることで自分が損をするだけなので、一般的にはそれほど重大な過ちではないと思います。だから、直接お会いしてお詫びするということまではする必要はないかもしれません。しかし、教授に迷惑をかけていることは事実なので、きちんと事情を話し、謝ることは必要だと思います。

Q3：「電車内でイヤホンから音漏れをしている人がいる場合、どう注意するか。」

A3：はい、このような「小さな迷惑」については、「お互い様」であることが多いので、少々の音漏れ程度で、それほど大きな音でなければ、あえて注意しないでもよいと思います。しかし、音漏れが大きく、周りに明らかな不快感や迷惑をかけているような場合は、視界に入る場所まで近づいて、耳を触るようなジェスチャーで、音漏れしていることを伝えます。本人が気づいていないだけの場合は、こうすれば音量を下げてくれると思いますが、それでも無視するような場合には、直接本人に向かってはっきりと「音量が大きすぎるようなので少々ボリュームを下げていただけませんか」と丁寧にお願いするのがよいと思います。それでも止めないときは、電車が通勤電車のような短距離の場合は説得を諦めるかもしれません。新幹線などの長距離電車の場合で、客観的に甘受できないくらいの迷惑ならば、再度説得を試みるか、乗務員の方に協力を頼むのもよいかもしれません。

（2）生き方や人生観に関するもの

> **Q4：「小児がんを患う子供に、自分は病気なのになぜ**
> **あなたは健康なのかと質問されたらどう答えるか。」**
>
> A4：難しい質問だと思いますが、基本的にはその子
> 供に真剣に向き合って対応することが大切だと思い
> ます。その上で、私ならば、同情を示しつつ、「い
> つ誰が病気にかかるかは誰にもわからない。今日は
> 健康な私だって、明日はがんになるかもしれない。
> だから、健康な私は、病気になったキミを助けたい
> と思っているし、キミの病気が治ったら同じように
> 思ってほしい。それに、神さまはその人が乗り越え
> られない試練は与えないというよ、だからきっと乗
> り越えられるし、私が近くにいるから一緒に頑張ろ
> う」という具合に励ますと思います。

Q5：「大事な試験の日に道が混んでいるが、危険を冒しても抜け道を通るべきか。」

A5：はい、「危険を冒して」の「危険」が、遅刻をするリスクの意味だと想定して考えます。この場合、混んでいる道を真っすぐ進んだ場合の遅刻のリスクと、抜け道を通った場合のリスクを判断することになると思います。その時の移動手段が何であるかによりますが、たとえばバスや路面電車など公共交通機関に乗っていて渋滞に巻き込まれた場合は、すぐ降りて、タクシーで抜け道を通るほうが少しは早く着く可能性が高くなると判断します。現在は、渋滞の情報をリアルタイムで更新するナビゲーション（地図）のアプリがありますので、そのような情報も参考にして最終判断をします。ただし、そのような情報が一切ない場合は、「急がば廻れ」の格言通り、慌てずに正規のルートを進むことにします。

Q6：「大事な試験に行く途中で高齢者に道を尋ねられた。どう対応すべきか。」

A6：一般論としては、道を尋ねられたら、相手がどんな人であれできるだけ対応したいところです。大事な試験に行く途中でも、時間に余裕があるなら、道を教えて差し上げたいです。時間がない場合でも、簡単な道案内なら対応すべきだと思います。しかし、遅刻しそうなほど時間がない場合は、正直にそれを伝えて他の通行人を探し、その人に道案内を託します。

（3）医療倫理のジレンマや課題について

> **Q7：「高齢者がバス乗り場で順番を無視して自分の前に並んでしまった。自分と自分の前、自分と自分の後ろには空間があった。さらに自分の後ろには20人程度の人が並んでいる。あなたらどうしますか？」**
>
> （藤田医科大医学部2021年：制限時間5分×2回の2回目の出題。少し大きめの部屋に6つのテーブルがあり、同時進行する）
>
> A7：バスでも電車でも、原則として先着順で乗車するのが基本です。しかし、航空機に搭乗するときに、高齢者や子供連れの人が優先して案内される場合があるように、高齢者などを優先することはあって然るべきだと思います。公共のバスであればなおさらです。遠距離バスでない限り、指定の座席はなく席数も限られているので、高齢者には前に並んでいただくのがよいと思います。順番を無視して割り込んできた高齢者の方に、その旨を伝えるかどうかは、どちらでもよく、むしろ後ろの人にわかるように「どうぞ、どうぞお入りください」と声をかけるのはどうでしょうか。万が一、自分より後ろに並ぶ人から非難されたら、では私が最後尾に回ります、と言って移動すればよいと思います。

**Q8：「ある野球部員が、レポートの提出の際、他人の
ものを写した不正疑惑が発生しました。あなたは、
その不正について承知しており、そのことを先生か
ら質問されます。この件でこの野球部は公式大会出
場が危ぶまれています。あなたならどのように先生
に答えますか？」**

（東邦大医学部 2021 年：受験生に与えられた 4 枚の質
問用紙 [制限時間 3 分× 4 枚] のうちの一つ）

A8：テストやレポートでの不正行為は、通常、学生
にとって重いペナルティーが科されるべき重大な
ルール違反で、倫理的・道徳的にも悪い行為です。
だから、その不正が本当にあったなら、その当該学
生は然るべき罰を受けるべきであり、それを知って
いる私にも、その不正を学校側に伝える義務が生じ
ます。しかし、この不正行為は、この学生の個人的
な不正にとどまり、野球部員全員がその責任を感じ
る必要はないし、責任を負わせてもいけないと考え
られます。したがって、私が不正を知っている場合
は、学校側にこの事情を話すと同時に、この不正が
当該学生個人の問題であることを強調し、野球部員
全員に責任を負わせることなく、野球部が公式大会
へ出場できるように主張し、そのように働きかけた
いと思います。なお、その不正行為をした学生が大
会に出場できなくなるとしても、それは致し方ない
ことです。

Q9：「大学の実習で子供だけを預かっている施設に行き、あなたはある子供の体に虐待の痕を見つけます。この事実をあなたは『絶対に外部に漏らしてはいけない』と言われています。その際、あなたが取るべき適切な行動は何かを考えながら次の6つの行動について順番をつけて説明しなさい。(a*) 福祉事務所や児童相談所など外部機関に報告する、(b) 大学へ報告する、(c) 施設の責任者へ相談する、(d) レポートでこのことについて報告する、(e) 写真を撮り記録しておく、(f) 何もしないで黙っておく。」

（東京慈恵会医科大医学部2021年：制限時間7分×6部屋のうち1部屋の出題内容）　＊(a) の選択肢は、著者（原田）が想定したもの。

A9：まず (e) で記録を取り、(a) 福祉事務所と (b) 大学に報告します。あわせて、(d) レポートでこのことの詳細をまとめ、必要な場合に提出できるようにしておきます。(f) の何もしないで黙っておくのは問題外で、(c) の施設の責任者への相談も、直接することは差し控えます。というのも、『絶対に外部に漏らしてはいけない』となっているということは、虐待の事情が把握されているのにも関わらず隠蔽されていることもあるし、もしそうでなくても、こう

いった情報が明らかになっても、隠蔽される可能性もあるからです。何よりも優先されるべきは、虐待されている子供の安全の確保です。ですから、今回の場合は、たとえ「漏らすな」と言われていたとしても、当局への通報を最大限に優先し、いち早く虐待を止めることが重要だと思います。「疑わしきは罰せず」ということわざを知っている人なら、「虐待がなかった場合」を予想して、通報することを躊躇しがちですが、通報せずに子供が虐待され続けることは避けなければなりません。

　上記のように、MMIでは、クリティカルな場面での倫理的・道徳的判断が問われる場合があります。そのような質問の場合、絶対に避けるべき、非倫理的、不道徳的な回答のスタンスがあります。このような考え方を持っている人は、少なくとも医療従事者には向いていませんので、進路を変えるか、自らの考え方を深く反省してみてください。

（4）絶対に避けるべき回答のスタンス

◆生命や人としての尊厳を否定すること。

「生きていても意味がない」「無意味な死」「生まれて
こないほうが良かった」「安楽死は絶対に認めるべき」
「人体実験は必要不可欠だった」「平時でもトリアージ
は必要である」「クローンを作成し臓器移植用に使えば
良い」

医療の第一の目的は、患者の健康を回復させて生かす
ことです。QOL を高めることも医療の目的の一つですが、
なんと言っても**生命尊重の原則こそ、医療の目的そのもの**
です。医学を志す人がそれを否定するのは、自己矛盾、自
己否定にほかなりません。

◆患者中心の医療（患者の自律性を尊重する医療）を
真っ向から否定すること。

「アルツハイマーの患者には同意は必要ない」「嘘も
方便というとおりありのままを患者に伝えないほうが
いい」

「患者の自己決定（自律）の尊重」は医療倫理の大原則です。医師は、患者の同意のもとに、初めて医療を実践できるのです。

◆優生思想（生命を優れたものと劣ったものに分け劣ったものを排除する思想）／社会進化論的思想（人間社会においても強い生命が弱い生命を凌駕し淘汰していくとする思想）を肯定すること。

　「アウシュビッツは仕方なかった」「やまゆり園事件の犯人の考え方自体は間違っていない」「障害が見つかった時点で赤ちゃんを堕ろすことは正しい選択だ」「優秀な遺伝子は国家を挙げて管理・繁殖させるべきだ」

　生命に優劣はありません。**どんな生命も等しく尊く、それだけで価値があるもの**です。もちろん、このこと自体の妥当性を理論的に考えることはできますが、医師は哲学者ではなく、実践者です。生命に優劣があると信じる医者がいたとするなら、私はその人を信用できないどころか、恐ろしくて近づきたくありません。

◆いわゆる「**自己責任論**」（相対的弱者・絶対的弱者への視線が欠落している考え）。

「ホームレスは自己責任」「弱者（高齢者・病人・障害者等）は守る必要はない」「生活保護は税金の無駄遣いだ」

多くの国で、医療は保険や税金で運営されています。これは、**いつ誰が病気になるかわからないから、協同して助け合おうという考え方**に基づいています。どんな人も、自分の成功や失敗、長所や欠点、健康や病気について、完全に自分の責任を負うことはできませんし、できたとしてもそれは不条理です。

かつて、「透析患者は（不摂生な生活の）自己責任だから死ね」と発言した元アナウンサーがいました。最近では、「ホームレスの命はどうでもいい」「生活保護の人たちにお金を払うために税金を納めてるんじゃない」などと発言し炎上した有名人がいました。とんでもない誤解・無知に基づく暴論です。

誰だって、好き好んで病気になったりホームレスになったりする人はいないのです。だからこそ、いざというときに助け合えるように、人は支え合い、共同社会を営むわけ

です。**自己責任論は、人間らしい生き方、人々の助け合いや共同性を否定してしまう議論**です。

◆**金権主義・拝金主義、あるいは医療の完全自由主義の肯定。**

「メンツとカネだけで医師になって何が悪い？」「儲からない病院は潰れても仕方がない」「国民皆保険なんか不要だ」「健康な人は医療保険料を安くすべきだ」

医療にカネがかかることや、医師が一定のステータスと高い報酬が保証される職業であることは、否定できない事実です。しかし、医療や医療従事者は、完全なる資本の原理、経済の原理のもとにあるべきではありません。**経済学的に見ても、医療は公共財**です。警察や消防など公共サービスに近いものです。金持ちはたくさん買えて、貧乏人は少ししか買えないものであってはなりません。

また、医師をはじめとする医療従事者は、公共の奉仕者でもあります。**高い給料や地位・名誉と引き換えに、多くの人の健康と福祉に奉仕する義務が課される**のです。

6．集団討論（集団面接）対策

　医学部入試では、集団討論（集団面接）といった「2次試験」が行われる場合があります。

　基本的に、個人面接の準備と小論文対策をしていた人なら、それほど特別な対策は必要ありませんが、注意しなければならないのは、ディベートとディスカッションの違いを踏まえておくことです。

　医学部入試の「集団討論」は、決してディベート試験ではなく、「ディスカッション」に近いものです。

　ディベートとは、グループで勝ち負けを競う「競技」で、分析力＋プレゼンテーション力、がポイントとなります。

　一方、ディスカッションとは、参加者が皆で一つの結論を得ることを目指す「協同作業」です。そこでは、要約力＋コミュニケーション力、がポイントとなります。

　集団討論には、参加者の役割分担が必要となります。面接官になる先生が司会・進行役を務めてくれる場合もありますが、「受験生（参加者）で自由に決めてください」となる場合もあります。

　こういった場合は、どのような役割を意識して参加する

165

のがよいでしょうか。

　集団討論を行う場合、以下のような役割分担が考えられます。

①司会役…調整、コーディネート、モデレートを行うポジション。意見が出てこない、などの状況によっては、次の「提案」の役割も担うことになるが、基本はコーディネーターとして振る舞う。
②提案役…意見の発案、いわゆる議論のリーダー、推進役としてのポジション。討論の「エンジン」として、ドンドン発言することが求められる。
③対案提起役…いわゆるツッコミのポジション。他の人の見えていない問題点や矛盾を指摘し、議論を深める役割。意見の否定ではなく、よい質問や対案を投げかける。

　どの役割をとってもかまいませんが、**自分の適性をよく把握して、それに合ったポジションを先取りする**ことを意識してください。

　なお、「集団討論で司会役をすると、不利になる」という噂を聞くことがありますが、まったく関係ありません。むしろ、私の教え子のなかには、「司会役で合格した」人がたくさんいます。

討論での話し方のポイントは、以下のとおりです。

・基本的に、「ゆっくり」「大きな声で」話す。

・他の人の意見をよく聞いて、話す。

・全員が一つの論理の流れに沿っていることを意識する。

・立て続けに話さない。話しすぎない。

・自己主張しすぎない。

・無意識の不快な表情・表現（舌打ちや咳払い）に注意する。

・攻撃的に話さない。他人をやり込めない。

　基本的に、通常の個人面接試験での心構えと共通する点が多いはずです。

　また、話す内容については、もちろん知識はあった方がよいですが、多く知っていることが必須条件ではありません。知識の試験は、学科試験で実施することになっているのです。

　試験で意識してほしいのは、**「知っていることを話す」**のではなく、**「テーマについて（その場で真剣に）考えたことを話す」**ことです。ですから、知ったかぶりは決してしないのはもちろんのこと、わからないときには、無理にたくさん話さないことも大切です。

まったくわからない話題になったときは、率直に無知を認めて、「この点がわからない（知らない）ので、教えていただけますか」と聞くことも、場合によっては必要になります。

　意見を述べるときは、なぜそう言えるか（根拠・理由）を意識して話すようにしましょう。議論の展開によく注意して、文脈の中で、自分の意見を述べるようにします。

　言わずもがなですが、集団討論も、「面接」試験の一貫として行われていることを意識し、適度に礼儀正しく振る舞うことが重要です。
　また、面接試験一般に言えることですが、きちんとした服装をしていく、髪型・メイク・持ち物、すべて見られていることを意識して、整えておくことを忘れないでください。
　大学生の就職試験ではないので、礼儀や外見、感じの良さを追求し過ぎるのもよくありませんが、「高校生らしくてよい」というのは「子供っぽくても許される」という甘えに通じるので、戒めておきましょう。**いつもの自分よりも、少し大人っぽく、きちんと振る舞うことを意識してください。**

　もちろん、「宜しくお願いいたします」「ありがとうござ
いました」の挨拶を忘れないこと、正々堂々と、テキパキ
と発言・行動することも大切です。

第1章　志望理由書の書き方　第2章　面接準備：どう答えるか

第3章　面接トレーニング：振る舞い方と話し方

エピローグ

　「医学部入試は、すなわち医師就職試験である」という当然の事実を前提として考えると、医学部の面接は、就職面接なのです。「入学願書（志望理由書）」は、いわゆる「エントリーシート」に相当することになります。そして、就職に「コネ入社」があるように、医学部にも「コネ」や情実入試が付きものである（あった）のは当然とも言えるでしょう。

　事実、医学部入試でも、とりわけ面接試験（２次試験）を巡っては、未だ疑心暗鬼が渦巻いており、面接試験の実態がどうなっているのか、そして受験生は面接試験にどう取り組む（対策する）べきかについて、さまざまな見方や考え方があるのは確かです。

　2018年に発覚した、いわゆる「医学部不正入試事件」以後は、そこで問題となった露骨な女性受験生差別は影を潜めるようになってきたものの、大学側の反省や改革を経てもなお２次試験の実態は「過酷」で「異常」であると言えます。

　そういった、ある意味で混沌とした状況を見るにつけ、２次試験（面接試験等）の対策など無意味だという意見に説得力を感じる向きも増えているかもしれません。面接対

策を無効化する目的で導入された MMI（本文参照）の普及を踏まえると、現実主義者が「対策不要論」に流れるのは当然かもしれません。

　一方、毎年、大手予備校から出版される『医学部面接ノート』なる出版物等を見れば、たしかに合格者の声を伺うことができます。そこには合格者の丁寧な回答例がいくつも掲載されており、「模範答案」という夢のある理想で溢れています。

　しかし、「合格者という優等生」の声だけでは聞こえてこない「リアル」があるのが実情です。

　本書では、その「リアル」を踏まえつつ、劣化したリアリズム（現実主義：面接対策なんか意味ないよ！）にも陥らず、空虚なアイディアリズム（理想論：ヒューマニティー溢れる医師を目指します！）に駆られることもない、本音で勝負して「受かる」ための面接の技術を解き明かすことにしました。

＊＊＊

　私は、会社勤めを辞めた 2007 年ころから、医学部ではめったに優遇されることのない高年齢の女性受験生や、「回り道」をしてきた社会人受験生の指導をしてきました。

　就活の「エントリーシート」に相当する「志望理由書」

を添削した件数は、延べで数千枚に及びます。面接試験前後には、実際に面接で何を聞かれてきたかを調査し、分析してきました。合格者だけでなく、不合格者に対しても、どのように答えて受かったり落ちたりしたのかという情報をヒヤリングし続けてきました。

こういった地道な指導と調査からわかるリアルな実態を踏まえつつ、受験生一人ひとりの志と目標を本音で語れるような面接指導を実践してきた結果、受講生の１次試験(学科）合格者の約８割を２次試験（面接）で合格させるという成果を挙げることができました（2017年まで代表を務めた医学部専門予備校での成果です）。

もちろん、このような指導は、当然一筋縄では行きませんでした。ある時は、「どうして学科（の勉強）も仕上がっていないのに面接（や小論文）の対策をやらなければならないのだ」「まったく必要ない」などのお叱りをいただくこともありました。インターネットの掲示板に悪意ある書き込みをされて、大損害を受けたこともあります。

ところが、実情は、面接対策は「必要ない」では済まされなくなっているのです。いまや面接は、学科の勉強と並行してやらなければならないほどの重要性を持つようになってきています。

近年、大学入試改革の影響で、医学部に限らず、面接（や

推薦入試）の比重はますます高くなってきています。多く
の受験生は、この傾向を無視することはできなくなってき
ています（私自身は、面接に高い比重を置き過ぎる現行の
入試形態には批判的ですが、事の是非はさておいて、面接
が無視できない入試科目になりつつあるのは確かです）。

　もちろん、医学部における面接試験の意味は、序列の上
位校と普通の医大・医学部の間で異なっているという側面
もあります。つまり、おおざっぱに言うと、医学部の上位
校（多くは国公立）における面接の中心的な役割は、「不
適合者排除」というネガティブ・チェック機能を果たすこ
とであり、それ以外の普通の医学部における面接は、「本
気度チェック」という機能を果たすことが求められていま
す。

　医学部の上位校、たとえば東大や京大をはじめとする旧
帝大の医学部、私立でも慶應義塾大学などのトップの医学
部は、面接試験の役割が比較的「軽い」のが特徴です。実際、
東大や九大では、面接試験すらなかった時代が長く続きま
した。これら上位校では、学科試験に合格したほとんどの
受験生が、その大学への進学を希望するため、「医学部に
入れたらヤバい奴」だけを排除できれば、それでよかった
のです（実際、それで落とされる受験生も存在します）。

一方、普通のレベル（と言っても早慶レベルの偏差値ですが）に属する医大・医学部では、合格を出しても、ほかの上位校に合格を果たした受験生は、そちらに進学してしまいます。そのため、面接試験で、「本学への志望本気度」を試しておく必要があります。

　一部の私立大学で、身内（同窓生の子息）への加点や繰り上げ合格が問題となっていましたが、「寄付金集め」といった事情のほか、確実な定員充足を早期に固めておきたい大学運営側の事情は、「不正入試事件」の後でも、このようにほとんど変わっていません。どんな受験生でも、平等な条件で戦えるという完全にフェアな試験は、残念ながら未だ実現されていません。

　しかし、露骨な女子受験生差別や、多浪生差別は、時代背景からほぼ不可能になるなど、状況は年々改善されており、きちんとした対策が功を奏することも、多くの合格者が証言しています。

　受験生とその関係者は、臆せず、堂々と、まっすぐに自信をもって準備をするしかありません。それは、「どうせ何を対策しても変わらないから」と諦めて、いい加減な準備をすることでもなく、パンフレットやホームページに書かれているフレーズを格好の良い理想論に組み立てることでもありません。推薦であれ一般入試であれ、医学部合格

を本気で目指す受験生は、とにかく正攻法で、志望の理由
と目的意識を整理して、試験に臨むしかないのです。

　医学部の先生方や入試当局は、できるだけ「優秀な」医
師の卵を迎え入れたいと本気で願っています。その優秀さ
は、学科以外の試験（2次試験・面接・入学願書・小論文）
でもより強く試されるようになって来ています。

　こういった事情や考え方を共有できる人はそれほど多く
ありません。共著者の山口先生は、私のこのような考えに
共感くださり、対策講座を依頼してくれる数少ない指導者
の一人です。山口先生との仕事により、この著作がようや
く世に出ることになったのは非常に嬉しい限りです。

　本書における私の担当箇所は、受験雑誌『医歯薬進学』
で2008年から10年近く執筆した誌上講義が元になって
いますが、不正入試事件とコロナ・パンデミック後の世の
中の変化を踏まえ、大きく筆を入れ直しました。山口先生
の担当箇所は、完全書き下ろしです。

　参考にしたデータや2次試験の情報は、自分の経営する
予備校の多様な受講生からのもので、閉校後（2017年以降）
の情報は、主に山口先生の経営する『一会塾 MEDICAL』
の生徒さんたちからのものです。また、本書を作るにあ
たっては、英語の指導も行っている『メディカルラボ』や
『medika』等の出講先で教えた生徒さんたちの生の声も反

映されています。個別には名前を挙げられませんが、皆さんに深く感謝申し上げます。

　本音のアプローチをぜひとも受験生の皆さんにお伝えしたいと考えて、本書が企画されてから、5年以上が経ってしまいました。紆余曲折を経てもなお本書の出版を快諾してくださったエール出版社さんには心より感謝申し上げます。

　本書が、本気で医師を目指す皆さんのお役に立てたなら、これ以上の喜びはありません。コロナ・パンデミックで大変な苦労をしている医療従事者の姿を見てもなお、医師を目指す皆さんの志の高さに「エール」を送ります。頑張ってください。

原田広幸

【著者プロフィール】

山口じろう

・医学部受験コンサルティング、英語講師。慶應大学卒業。大学入学と同時に予備校講師となり、現在に至る。医学部・難関大受験予備校『一会塾』(川崎市武蔵小杉) と『一会塾 MEDICAL』(渋谷区恵比寿) を主宰。

・医系受験に出る医学論文・医学雑誌などの時事的英文を毎年分析し、頻出メディカル系語彙を集めて『メディ単1000』を執筆、医学部・薬学部・獣医・看護志望の合格者に愛用されている。医学部を身近に感じさせる「医大生を囲む会」、外科専門病院で行う「メディカルディベイト」、面接対策を年間を通じて実施する「コミュニケーション個別指導」、プロのメイクアップアーティストを講師とする「身だしなみ講座」などをカリキュラム化する。

・医学部受験生のための情報サイト「医学部入試研究所みらい」を運営。これまで指導してきた 12,000 名を超える生徒たちとのネットワークを駆使し、現役医師・医大生・大学生たち約 70 名によるリアルな大学情報・受験情報・勉強法ブログなどを配信している。本書の内容についての更新情報や発展情報も掲載している。

○「医学部入試研究所みらい」の
　ホームページはこちら☞

【著者プロフィール】

原田広幸

・文筆業、予備校講師。東京外国語大学卒、東京工業大学大学院修了、東京大学大学院中退。専攻は社会学・哲学。学生時代から大学受験指導に携わり、現在はアドバイザーとして活動。

・『一会塾』では「メディカル小論文」を担当。「願書作成会」で志望理由書の指導や面接対策を数多くこなす。志望理由書作成においては、パーソナル・ヒストリーを軸にした表現を指導して評判を博す。医学部入試の実態を熟知しており、講談社現代ビジネス等メディアでの情報発信も行う。医学部専門予備校メディカルラボ、medika 等では英語、オンライン予備校アガルート・メディカルでは国語と小論文の授業も担当している。

・著書『医学部に受かる勉強法』、『医学部に受かる勉強計画』（幻冬舎）、『小論文実践演習〜生命・医療倫理入門編』、『小論文実践演習〜要約問題対策・論証テクニック編』（エール出版社）ほか連載、メディア出演も多数。

○「現代ビジネス」(講談社)の
　記事はこちら☞

プロが本音で語る最新医学部面接　＊定価はカバーに表示してあります。

2021 年 10 月 20 日　初版第 1 刷発行

著　者　山　口　じろう
　　　　原　田　広　幸
編集人　清　水　智　則
発行所　エール出版社
〒 101-0052　東京都千代田区神田小川町 2-12
　　　　　　　　信愛ビル 4 F
　　e-mail：info@yell-books.com
　　　　　　　電話　03(3291)0306
　　　　　　　FAX　03(3291)0310
　　　　　　　振替　00140 － 6 － 33914

乱丁本・落丁本はおとりかえいたします。

受験の叡智

受験戦略・勉強法の体系書

共通テスト
完全対応版

東大理三合格講師 30 名超、東大理系・文系上位合格層講師多数の圧倒的結果に実証された受験戦略・勉強法

ISBN978-4-7539-3491-1

合格の天使・著

定価・本体 2000 円（税別）

東大理三合格講師 30 名超による
医学部受験の叡智 改訂新版
受験戦略・勉強法の体系書

ISBN978-4-7539-3513-0

合格の天使・著　　　　　　　　定価・本体 1800 円（税別）

勉強計画
～難関国公立大学医学部に現役合格する～

国公立大学医学部一発合格を目指す受験生に贈る失敗しない勉強計画の立て方教えます。

ISBN978-4-7539-3483-6

メディ之助・著

定価・本体1500円（税別）

医学部生活を
無事に生き抜くための本

医学部に合格するのは大変だけど、留年せずに卒業するのはもっと
厳しい‼　あまり語られることのなかった医学部生活の過酷な現実
と学内試験・国家試験の上手な乗り切り方

第1章★医学部における部活の立ち位置／第2章★定期試験っ
てどう乗り切るの？／第3章★医学部と留年について／第4章
★CBT,OSCEってなに？／第5章★ついにポリクリ！どう乗り
切ればいいの？／第6章★最後の実習、クリニカルクラークシッ
プ！／第7章★マッチングってなに？／第8章★ついに卒業試
験！これさえ受かれば卒業だ！／第9章★医学部生活6年間の
総決算！医師国家試験！

四六判・並製　　　定価・本体1500円（税別）　　　ISBN978-4-7539-3431-7

金子雄太朗・著

イチからはじめる
医学部合格の勉強法

中卒程度の学力からでも
1年で医学部に合格できた！

第1章★中学時代〜合格に至るまでの道のり〜
第2章★医学部受験に挑む上でのアドバイス
第3章★各科目の具体的な勉強方法
第4章★医学部の実態

四六判・並製　　　定価・本体1500円（税別）

かいえん・著　　　　　　　　　　　　　　　　ISBN978-4-7539-3500-0